北方民族史译丛

契丹古代史研究

[日]爱宕松男／著　　邢复礼／译

内蒙古人民出版社

图书在版编目（CIP）数据

契丹古代史研究/（日）爱宕松男著;邢复礼译. —呼和浩特：
内蒙古人民出版社，2014.7（2021.11 重印）

（北方民族史译丛）

ISBN 978-7-204-13000-9

Ⅰ．①契…　Ⅱ．①爱…②邢…　Ⅲ．①契丹-民族历史-
研究　Ⅳ．①K289

中国版本图书馆 CIP 数据核字（2014）第 154178 号

契丹古代史研究

作　　者	（日）爱宕松男
译　　者	邢复礼
选题策划	樊志强
责任编辑	马燕茹　樊志强
封面设计	宋双成
出版发行	内蒙古人民出版社
地　　址	呼和浩特市新城区中山东路 8 号波士名人国际 B 座 5 楼
网　　址	http://www.impph.cn
印　　刷	呼和浩特市圣堂彩印有限责任公司
开　　本	720×1000　1/16
印　　张	13.75
字　　数	180 千
版　　次	2014 年 8 月第 1 版
印　　次	2021 年 11 月第 3 次印刷
印　　数	3001-5000 册
书　　号	ISBN 978-7-204-13000-9
定　　价	36.00 元

如发现印装质量问题，请与我社联系。联系电话：(0471)3946120

邢复礼先生1976年在中国社会科学院民族研究所工作照

邢复礼先生1983年访日照片

那复礼（前排左三）与清格尔泰先生及蒙古语古语文研究室的同仁们在一起

序

　　所谓 Kitai 中国史书称之为契丹,是十世纪起,在华北,东北和蒙古地区建立征服王朝——辽国约二百年之久的一个民族。这个民族在东北亚史的发展上扮演了极为重要的角色。可以说是他们在东北亚史上开创了第一个征服王朝,因而很早就引人注意。可是,关于契丹族的历史,一般说来,不确切之点颇多,其人种和语言系属,至今尚不明确,这是由于文献缺乏,特别是缺乏辽建立以前的契丹族史料,以至到现在未能很好地解决。人们依据的是《魏书》、《隋书》和新、旧《唐书》的简略记载,仅能由此窥见契丹在各个时期的活动概貌。本书作者,对辽帝国有比较正确的理解,他着眼于建国前契丹族历史及其部族的形成,结构和发展,致力于探讨这些问题。

　　本书共由三编十一章所组成,要特别着重指出的是,作者对于古代北亚游牧部落有深刻的理解,又有社会学方面的素养,所以能把上述中国史料和散见于《辽史》的契丹族自己的传说,巧妙地加以揉合和对比,从而清楚地反映出契丹部族制社会的情况,在许多方面显示了作者自己的灼见卓识,解答了过去存在的疑问。例如他指出契丹部族自始至终都是由耶律、萧两姓组成的集团,他们之间有一种半族结合关系,因而使史实与传说泾渭分明。此外,还有一点是在作为本书重点的第三编中,对于迄今为止几乎令人有架空感的遥辇氏 Kitai 的实在性进行了探讨。作者能将契丹方面的传说和中国方面的记载加以合理地对比,证明了一向使人视为空泛莫测的契丹遥辇氏确实存在,这说明作者着想新颖,识见卓越,应予以高度评价。在这个意义上,本书乃是契丹史研究方面的一座金字塔,我作为同行,实不胜喜悦之至!

昭和三十四年三月

田村实造

自 序

　　自从符拉基米尔佐夫的遗著《蒙古社会制度史》一书的问世，标志着塞外史——北亚游牧民族研究取得了很大的进展。这部著作不是以理论连锁为内容，也不是自始至终罗列一些枯燥无味的有关史料。正是由于这部真正名副其实的社会史著作的问世，我们对蒙古族才开始具有比较正确的认识。后来我国的满蒙史学界，能够提出一些探讨女真和满族部族制社会的好论文，决不是偶然的。

　　当时，我还是一个大学生，立志专攻蒙古史，对于这本书的问世，我也是很注意的。可是我往往迷于从事周密的史料工作这一表面现象，却未能掌握从根本上研究社会史的坚实方法，这样不仅是学习不彻底，而且是消化不良，结果是没有掌握符拉基米尔佐夫的方法体系，而仅致力于运用其个别局部的方式方法，生搬硬套。

　　然而正如《蒙古社会制度史》的副标题所指出的那样，符拉基米尔佐夫的重点完全放在游牧封建制度这一方面。不过，对于封建制社会以前的氏族制社会，作者也有所顾及，当然，作者是采用了离开主题而加以叙述的方式。尽管符拉基米尔佐夫已表露了这样的看法，也不应就此理解为蒙古社会史中的氏族制在某种意义上是很不明显的。因为氏族制的本质是与血缘有连带关系的,正如布洛克所指出的那样:"作为封建特征的人与人之间的关系古来就有,那是与封建性质完全不同的另一回事。"虽然如此,但它在封建制中,仍然起着极为重要的作用,既然能够反映游牧封建制的情况,符拉基米尔佐夫对此是不应轻轻放过而等闲视之的。然而以《元朝秘史》及其姐妹篇《史集》为始,下及元、明、清三朝丰富的史料,有关大蒙古国建立以前的情况均记述甚少,从这一实际情况来看,正是史料的有限,给探溯氏族制时代造成了暗淡的前景,这个事实,是大家都很容易承认的。

我的研究是以契丹部族制社会为对象,虽然自己觉得并不全面,然而我尽可能把蒙古社会史的空白点加以填补,哪怕是一部分。我就是抱着这样的愿望着手进行研究的。成吉思汗是蒙古部的先辈,契丹作为他的同一族,过去曾建立国家——辽王朝。关于辽建国的部族制时代的传说,幸亏保存在《辽史·营卫志》这一历代中国正史所有的独特篇章。另一方面,有关其在部族形成以前所经历的漫长的氏族制时代,《魏书》以下各朝正史亦有所记述。正如卫特夫博士所说的那样,"有关契丹史的种种资料,可以说明成吉思汗以前几个世纪内亚洲各部族的形成、崩溃和再重建的情况,实在是不可缺少的史料"。

因此,我就把我的最初研究成果,以《契丹部族制研究》为题,在1952年发表于《东北大学文学部研究年报》。正如此又在目录中所表明的那样,那不过是研究成果的一部分,而且始终是对部族制作平面式的描述,并未说明其社会制度的结构,著述的发展经过,不能说是真正的社会史的研究论著。因此,我又同时以《契丹部族制的历史考察》为题撰写了续篇。这个续篇比前篇增加内容近两倍,未获允准同时发表,只好等待将来的机会。我在前篇大致说明了两个半族和八个部族复和体所组成的契丹部族二分体制,考虑到如果不把平面图式的前延伸而与半族和图腾崇拜联系起来研究，那是很不充分的。因此，我便把续篇的发表暂时搁置，着手对图腾氏族——原始氏族加以探讨。1954年，我在大东洋史谈话会上发表的讲话，后来在1955年发表于《史林》的《契丹氏族制的起源和图腾崇拜》，其实就是这一研究成果。然而既以研究理论为主，如此扩展研究而不相应地增补历史考察，就显见失于均衡，这就是后篇之所以篇幅增多的原因。这样一个《历史考察篇》，若不用单行本形式是没有希望发表的。在1952年发表初篇之际，曾预告后篇亦将发表，然而数易寒暑，迄未实现。我曾一再向文部省申请出版补助费，原以为还要等待数年之久，没有想到本书现在可以付梓，这首先是要感谢恩师岩崎博士的大力支援，从交涉联系出版公司到筹措资用，无不有烦先生。本书得以早日出版，可以说都是先生所赐。本书付梓之际，复蒙学部长田村博士于公务繁忙中，抽空及时惠赐序文，畏友佐伯博士则在本书出版方面多所教益和襄助，在此也一并表示衷心的感谢。

昭和三十四年三月下浣

爱宕松男

于东北大学文学部东洋史研究室

再版前言

　　契丹族建立的辽朝,无论对中国历史还是世界历史上都产生过重大的影响。辽代曾经创立了契丹小字和契丹大字,但是在 12 世纪末到 13 世纪初,契丹文字即失传。契丹文字的研究成为学术界的一个谜团。解读契丹文字不仅可以弥补《辽史》的缺憾,对于研究我国多民族的多元文化具有鲜明的标示意义,而且有助于研究我国各北方民族的历史和语言。1971 年,我欣然聘请邢复礼(弗里)先生到内蒙古大学,开始了集中的、系统的对契丹文字的研究。1975 年,在内蒙古大学和中国社会科学院民族研究所领导的支持下,我建议成立了内蒙古大学蒙古语文研究室和中国社会科学院民族研究所契丹文字研究小组,共有 5 人参加。邢先生是 5 人之一。邢先生蒙古名锡里居泰,汉名为复礼。在"文革"中为避讳而做萧里。早年毕业于日本著名的早稻田大学。我之所以聘请邢先生参加,是因为我了解邢先生在语言学、历史学上都有很深的造诣,对辽金元史极为熟悉。要解读一种文字,是极为艰涩之事,需要其他门类的语言为基础,邢先生的汉语、蒙古语、日语都高人一筹,况且还会英语。这样的语言条件也是他人不具备的。为破译契丹文字,我常常出入于邢先生的家。他家住在北京的一个四合院内,我坐在摆在辽金元史的书架前,先生的夫人热情地给我们沏茶,我们边喝茶边讨论契丹小字的破译所遇到的种种难题,不只一次的探讨给了我很大的启发,有时竟废寝忘食……

在我们五人小组的共同努力下,作为研究成果的《契丹小字研究》于1985年由中国社会科学出版社出版,引起国内外学术界的很大关注。《契丹小字研究》共收入拓片9件,共400多条释读无误的词条,140个原字的读音,占原字总数的1/3,还讨论了24种语法成分。这项成果除了对于以往的契丹小字研究做了综述之外,所收的资料除了1949年前已经发表的《兴宗哀册》的抄本外,还有《仁懿哀册》册盖的拓本、《道宗哀册》册盖的拓本、《郎君行记》的拓片,还包括1949年后没有发表的《萧令公墓志》的拓片、《故耶律氏铭石》的拓片、《萧仲恭墓志》的拓片、《许王墓志》的拓片等。这些碑刻的总字将近1万,超过我国20世纪30年代出版的《辽陵石刻集录》和日本20世纪50年代出版的《庆陵》所收集资料总数的两倍。这部书的全部契丹小字按照一定的顺序编成《契丹原字索引》,对于契丹小字合成词中出现的位置和频率的统计结果做了说明。这个索引同时又是一部目前尚未有的契丹字典。《契丹原字索引》的制作较为繁复,他付出了格外的辛勤。邢老制作了4000多卡片,并且为我国创制的第一套契丹小字的字模书写了底样。契丹文字的结构较为复杂,铜模的底样要求正确、端庄,自然、美观。《契丹小字研究》上面书写的契丹小字,就是邢先生的墨宝。这部凝聚五人小组共同成果的著作获得全国高等学校人文社会科学研究优秀成果一等奖。

当时的研究资料和参考资料很少,对于攻读契丹文字的难度也更大。邢先生利用其深厚的史学功底,娴熟的日语便利,翻译了相当一部分日本学者对于契丹的研究著作,其中包括:(1)对于契丹语的研究的论文和墓碑的考证;(2)对于契丹史研究的著作;

(3)其他有关的论文。其中爱宕松男的《契丹古代史研究》具有代表性。爱宕松男的《契丹古代史研究》被日本学者田村实造认为是"契丹史研究方面的一座金字塔"。因为他研究的是辽朝建立之前古代契丹人的历史，而且致力于研究的是契丹部族的形成与结构，他指出契丹部族的耶律和萧两大姓氏存在半族的关系，并且证实了被人质疑的遥辇氏的真实存在。这部著作不仅对于研究古代契丹史、辽史具有重要的价值，而且对于解读契丹语也有相当的参考作用。

在 1975 年契丹研究小组成立以后，邢先生与我商讨，决定翻译这部具有意义的专著，我坚决支持。先生为此殚精竭思，穷源溯流，有时为把一个词汇翻译得更为科学准确，不惜查阅数部词典和翻阅资料来验证。不懂日语、蒙古族语和通览史书，这部书是很难翻译的。在他逝世的前一年，完成了这部著作的翻译。邢老扎实勤奋，一丝不苟、不图虚名，讲究实效的敬业精神给我留下深刻的印象。

由邢老翻译的《契丹古代史研究》的出版和这次的再版，不仅能加深人们对于契丹史的了解，同时或许可以推动后人对契丹语言的研究。

清格尔泰

2013 年 11 月 12 日

前　言

　　1956 年参加全国少数民族社会历史调查组东北内蒙古分组，来呼和浩特小住。下乡前有一番组织队伍、锻炼兵马的工作是不消说的，这期间认识了邢复礼先生和其他几位蒙古族的知名人士。邢先生为人爽朗开阔，声如洪钟，体似娇燕，知识阔博，析理入微，见解深透，而对蒙古近、现代历史上的人与事，尤为详悉。还写得一手好字，在何绍基的路子上揉进了自己的风格。当时他已是 50 开外的人了，是长辈，对于我这个初入草地，准备学习蒙古历史的人来说，却视同幼弟，茶余饭后，为我讲解蒙古的一切，细至衣食住行，下乡注意事项等等。良师益友，不过如此。后来从侧面打听，才知道他是蒙古族早期的留日学生，受正规的教育和严格的训练，他对史学、文学、语言学、考古学有广泛的兴趣和较深的造诣，不但兼通蒙汉文，日语、英语也是顶好的。

　　1962 年结束了对内蒙古的调查，但经常来往于北京、呼和浩特间，与先生虽有过从，谈话的机会却少了。可是，每当思念那一段生活时，他的音容笑貌，总浮现在我的面前，邢老给人的印象太深了。

　　80 年代初的某一天，在中央民族学院礼堂前偶与邢老相遇，问他何干？回答看电影。我想：此老兴趣可谓广矣，游兴可谓大矣，为了一场电影，竟不惜跑十多里路。当然，也显出了他的精神抖擞、身体健壮。这时，他已近古稀之年，只比过去多了几茎白发而已。我又从旁打听，他的女儿邢莉也在民院工作，与我同事，原来他寻娱乐，只是探亲的附属物。

既然与邢莉在一个学校工作，又住在一个院子里，且是近邻。老人出城时常来我这里坐坐，我也到邢莉家看望老人。此时，他正与清格尔泰等几位学者钻研契丹文。说起契丹文，我与它有过一段小小的姻缘。大约是1965年的某月份，亡友徐宗元介绍黄振华来看我，并带了他抄写、整理的契丹卡片，因为我过去摸索过一点这方面的问题，知道这方面的难关难于突破，便就此住了手。谁知时隔不久，邢老与清格尔泰几位的研究成果问世了，其成果的秘诀之一，是他们都懂语言学，懂古老的、现代的蒙古语、达斡尔语等等，具备突破难关的条件。这时我不单将老人视作前辈，视作蒙古学的活字典，而且尊重为有建树的专家了。

在解读契丹文工作中，邢老为契丹文制作了数千张卡片，摹写了我国第一份契丹文铜模的底样，自然这是因为老人嗜好书画，本身是位书法家。因为研究契丹文而必须了解契丹及其有关民族的历史，为此老人又翻译、校对了30余篇学术论著，今天出版的《契丹古代史研究》即属其中的一部，自然这又是利用邢老熟悉汉语、外语的便利。

爱宕松男此书出版于1959年，在契丹史的研究上，有着一定的贡献，它较为详明地探讨了辽朝建立前契丹人的历史及其部族的形成、结构和发展；它又较为详明地考证了形成契丹族的耶律、萧氏两大部落，他们之间有着一种"半族"结合的关系；它还较为详明地叙述了契丹遥辇氏的存在等等，许多方面超越前人，是一部值得国人阅读的专著。学术研究者有国界，而学术研究没有国界（持有偏见者除外）。介绍国外有成就的学术著作，是我国出版界的一项任务，可是完成得不算好，愿因爱宕氏《契丹古代史研究》汉译本的出版，带动这方面的工作，用"刻不容缓"四个字来说明它的紧迫性，是恰当的。

邢复札先生是一位多才多艺的人，因此他的成就也是多方面的。在内蒙古政协任职期间，他收集和撰写了《内蒙古建筑史资料》，承担了《大盛魁》史料的组织和编辑工作，还为《内蒙古文史资料》的出版付出了辛勤的劳动，并为该刊亲自撰写了《贡桑诺尔布》等文。

邢先生离开我们已经 5 年有余，而《契丹古代史研究》的出版终于有望了。死者可以瞑目于九泉之下，而生者可以借助这部译稿较为详明地了解一个外国学者对契丹古代史的研究。

贾敬颜

1987 年 8 月 25 日

目　录

引　　论

　　契丹种族是游牧于热河省一带的蒙古系种族之一[①],约当公元四世纪前半叶出现于记录。北魏王朝的正史《魏书·契丹传》即记载契丹族为东北的一小种族。及至八世纪上半叶的所谓《鄂尔浑碑铭》中同属北方游牧民的突厥族则称为契丹族,代表东南蒙古的一大势力。可见,此时契丹族已比过去成长壮大。[②]

　　诚然,这不仅是说明契丹种族有发展,而且相反,可以说契丹族已经越过了种族发展的一个阶段。这样解释,可能更为正确。自七世纪到八世纪初,契丹族确实处于严峻的苦难时期,南有唐王朝的强大压力,北部迫于突厥族和回鹘族游牧帝国的诛求无厌。契丹为求自立,也曾进行过几次英勇抵抗,然而已经败北,吃尽苦头。尤其是万岁通天二年(679 年)之败和天宝末年八世纪半对付

① 契丹虽属于乌拉尔阿尔泰语族中,但是究竟属于那一个民族,一向有意见分歧。白鸟库吉博士提出"蒙古通古斯杂种说",以后,(见《东胡民族考》,载《史学杂志》二十三卷第 11 号),看法是大体上趋于一致的。但在最近重新探讨的结果,又有"单一蒙古系"的说法抬头,对此,几乎再没有什么疑问。例如,解读契丹文的先驱村山七郎教授在解读这一种文字时,便是以蒙古语为依据。(《契丹字解读方法》《言语研究》17、18 号)。据卫特夫博士说,契丹属于原始蒙古族(见所著《中国社会·辽》,907—1125 页,田村实造博士也认为,从语言和庆陵肖像图看来,契丹是蒙古族的一种。(见《庆陵》,第六章第四节)又见《世界历史事典》的契丹条)。
② 汤姆逊:《鄂尔浑碑铭》,26 页。

平卢节度使安禄山所遭受的打击,几使契丹濒临于种族存亡的危机,带来了极为恶劣的后果。

自此后,中原以"安史之乱"为契机,进入多事之秋,一直延续到唐末。九世纪前半叶蒙古利亚发生回鹘牙帐的崩溃,而开始分裂连续产生了新的客观形势,这时,屡遭挫败的契丹族已愈平疮痍,面临东山再起的绝好机会,当十世纪之初,契丹族的英雄耶律阿保机即首先与其同族的奚族建立部族联合,并以此为基础,征服了满蒙一带的邻近诸族,接着,乘胜南越长城,吞食了中国北部,缔造了占据中原的北方民族国家,即所谓征服王朝的辽国。辽太祖的霸业实指此而言。

辽王朝以契丹族为主统治的中原国家,维持了二百多年,至十二世纪二十年代为崛起于北方的女真族所颠覆,契丹人的王朝崩溃而被女真人的帝国——金王朝所取代,过去占支配地位的种族便包括在金王朝的统治之下,从此契丹人再也没有自己的国家,然而作为一个种族依旧存在。这种情况持续到十三世纪初,成吉思汗勃兴而灭亡金王朝,建立大蒙古国,直到建立元朝统治中国,悉无任何变化。迨至十四世纪后半叶元朝被推翻,此时,契丹人作为一个单一种族的历史也便就宣告结束。这无疑是由于在元朝鼎盛之时曾经掀起了蒙古化高潮,契丹人除一部分汉化的以外,其余的尽均被其同化浪潮所淹没而靡肖孑遗。①

以上所述不过就其外部势力的消长略加说明了四至十四世纪末的契丹族的历史,至于其详细情况,诸先贤已做出精辟的研究②,这里没有重新研究的必要。如果说其中还有遗留的问题,那仅在

---

① 赵翼《廿史札记》卷三十:"元汉人多作蒙古名";羽田亨:《元朝对汉文明的态度》,载于《狩野教授·还历纪念中国学论丛》;多桑:《蒙古史》第一章 427 页。

② 松井等《契丹勃兴史》,载于《满鲜地理历史研究报告》第一;田村实造《唐代契丹族研究》,载于《满鲜史论丛》第一。

契丹政治史以及与此紧密相关的契丹社会的内部发展方面。我想就此进一步加以探讨。

立足于社会史观点考察契丹族的历史,在选择的对象方法方面,自然就要出两个问题:随着辽帝国的建立,是在契丹人之间或多或少地出现的利益社会为中心课题呢,还是就自然发生的共同社会加以论述呢?这是有差别的。当然,这二者各有自己的历史意义,并且应当进行连续的考察,可是从契丹族历史的整体来说,不,就其性质来说,后者的比重还是要高于前者的。因为尽管跨进了辽国的时代,那仅限于极少数的统治阶层。就直接参加纯粹庶民社会的契丹人来说,不言而喻,大多数一般的成员,则依然作为人种社会的构成分子而生存下来,因此,辽朝以后的契丹人仍能继续维持其种族的存在。何况在辽国建立以前的漫长岁月,他们这些契丹人本来都是生活在共同社会之中的。要从社会史这一方面来研究契丹族的历史,就不能把重点和共同社会紧密连在一起,正是基于这一理由,才以"部族制社会的研究"为课题。政治制度也是社会组织,要正确理解这一点,一方面要在静态中加以掌握,另一方面也不能不随时探讨其变化情况,这是自不消说的。前者属于一种图式化的静态观察,后者则属于注重发展的历史学的观察。这两者在思维上认为是互相对立的东西,可是在实际上却是相辅相成的,忽视此一方就不可能单独构成彼一方面,至少在论理上先搞图式化然后再探索发展情况。从顺序上来说,也不可能研究契丹部族制社会,先首应当在这样的基础构造上着手探讨。

而且,要想阐明某一共同社会的内部组织,主要在于弄清楚这个社会所能分出的各种社会集团,考察其实际的机能,并进而研究它们相互之间的关系。这在某种程度上就不能不要求具备丰富的资料。就契丹族来说,如果专靠从《魏书》等中国历代正史中的《契丹传》中去找必要的资料,那恐怕是从一开始就是没有希望的。不过，如前所叙，某一种社会的基础构图纵使不迷失其本质，但是要加以图式化，就不可避免要对有关对象进行静态分析。契丹族的历史，前后经过了十多个世纪，尽管总的趋势是停留在低文化的社会，但是无论如何也不能认为，这些集团是原封不动、一成不变的。何况从集团相互之间的关系上面，更能看出一些明显的变迁，只是用静态的观察和平面的构图很难充分说明和理解这一点。本书后半部第三编把第一编所描绘的契丹共同社会的基础构图，分割为从发展中来作历史学考察，是为了要强调这一立场。北魏以来中国正史的《契丹传》，这里都看作是单独的资料，似乎没有必要再附带说明。

最后要特别声明的是，本书所用的术语，本来对于讨论共同社会内部诸集团来说使用术语，当然要极力避免由于不注意而用词不当所引起的混乱。不过，有时也不能不使用一二个内容含混的称呼，否则，讨论其未知性质是会感到困难的。我所以用"种族"这一名词，就是这个意思。诚然，"种族"这一名词，相当于 tribe、tribu、stmam，本书对于拥有确定的领土而以统一意志结合起来的集团，则另外使用"部族"这一名词。至于"族"（Fhi-atry）、"氏族"（Sib）、"结合家族"（joint family）和"家族"等术语，那都是在表示血缘社会各单位集团的意义上使用的。

第一编 契丹共同社会的静态构图

第一章 耶律、萧两姓的实质

第一节 辽代的耶律姓与萧姓

根据确实可靠的历史看来,辽代契丹族社会特征的重要现象,不言而喻,就是存在着耶律、萧二姓,而且可以说只有这两姓众所周知,契丹族的全体成员都是截然由此两姓而分。不姓耶律就姓萧,不姓萧就姓耶律,这个原则适用于纯粹的契丹人,即便一个人也不能避免使用。换言之,只有属于这两姓者才被看做正规的契丹人。《辽史·卓行传》序文说:

> 辽之共国任事,耶律、萧二族而已。(《辽史》卷一○六)

这当然是就直接参与辽国国政的贵族和官僚而言的。但是推而广之,由此也可看出,社会组织的一端是以他们为基础的。

因此,就把辽代契丹人各自两分成立的社会集团,归结为耶律、萧二姓。在这种场合下,当然也有少数契丹人属于这二姓。(《辽史》:《女里传》卷七九、《古迭传》卷一一四)与此相反,还有特殊的汉人赐姓耶律(《辽史》:《耶律隆运传》卷八二、《耶律俨传》卷八五)。有一部分奚人则冒姓萧(《辽史》:《萧观音奴传》卷八五、《萧蒲奴传》卷八七、《萧韩家奴传》卷九○、《萧乐音奴传》卷九六)。

然而,对于上述例子究竟应当如何看待,我们的意见是,必须采取两种观点:其一,对于氏族制和部族制的纯粹性,在某种程度上已经消失的辽代,应当认为那是一种时代的现象。上述第一种例外显然就应当从辽王朝盛行的中国风和契丹风的性质中去寻求解释。第一部分人虽然姓耶律或姓萧,而实际上不是契丹人,这样才能加以说明清楚。例如,圣宗开泰五年(1016年)和陈昭衮开泰六年对王继忠,道宗咸雍七年(1071年)对李忠禧、刘霖、王观、杨兴功和太康元年(1075年)对张孝杰的情况,在"本纪"和"列传"中,都有赐姓耶律的记载,这是辽朝治下一种特殊的恩宠与赐爵的性质。中国历代王朝每有赐以国姓之例,其意义完全一样。李俨系李仲禧之子,又姓耶律名俨,陈昭衮等人的情况也是如此,由此可见,汉人并用汉姓和契丹所设国姓耶律,仅用以显示荣爵。还有另外一种情况,在闻于中国风和契丹风的辽国治下,也有氏族制和部族制的遗制。在这里依旧根深蒂固而被反映出来。遇到一些不能完全律以中国风的习惯和制度的例外情况,就很自然地不能不从另一种立场来解释。耶律、萧两姓中的非契丹人,究竟是根据什么理由得姓,不是契丹人而有此两姓,并且不能完全以赐姓来说明。这又意味着什么?只有考虑到氏族制和部族制的遗制,才能提供解决这些问题的启示。因为取例子构成共同社会基本单位的氏族集团,最能简单而明了地说明这个问题。虽是新兴集团的氏族,由于犯罪或其他后天性的事故而陷入隶民和奴籍,最容易丧失这种资格。在另一方面,也有本来是出自同一祖先结合而成的血缘集团,在"收养"原则下,把其他氏族成员吸收进自己的集团。他们在需要时敢于分裂出来而自创一个新氏族。这也是氏族的一种常态。从这一观点如发,研究上述逸其姓氏的契丹人,女里和古选的情况颇值得注意。此二人都是出身于宫分人。据《辽史》卷三十二,《营卫志·著帐户》有不完全的说明来判断,诸宫卫(宫分)即斡鲁朵的隶属民:

> 著帐户,本诸斡鲁朵析出,及诸罪没入者。凡承应小底,

司藏、鹰坊，汤药，尚饮，盥漱，尚膳，尚衣，裁造等役，及宫中、亲王祗从，伶官之属，皆充之。

凡诸宫卫人丁四十万八千……著帐释宥没入，随时增损，无常额。

"因事籍没"的所没著帐户，原来也是"世宦之家及诸色人"。（《辽史语解》）就是说他们也是契丹，后因籍没入奴，供职于卑贱的厮役，标志着被剥夺了自由契丹人的姓氏——耶律姓和萧姓。

这样说来，所谓宫分人是否都丧失了姓氏，事实也未必尽然，据《辽史》列传所载，积庆宫世宗耶鲁盌斡鲁朵人耶律瑶质、弘义宫太祖算斡鲁朵人耶律胡吕、遥辇可汗宫人萧夺剌等十余例，说籍没有宫分人就丧失其姓氏这种三段论法是谬误的。诚然，如果所设宫分人即现已入奴籍者的断语是正确的，那么，前面的大前提和小前提并无疵病，当不会出现上述例外。要找另外的事例来证明这个论断是错误的，那就要对《辽史》所谓宫分人，是否意味着仅限于现状作出解释才能得到答案。根据这样的想法来重新研究称为宫分人的耶律瑶质等人的情况，他们都有职宫人的经历，由此得到暗示，无论如何也不能理解现入奴籍者可充当职宫人。从理论上推理可以说宫分人，不只意味着现在是，也意味着过去是，但在这里要想把一般推理提高到真实程度，当然要举出事例才能得到证实。这种举出的事例，说起来并不一定十分困难。研究《辽史》列传记叙的十三例宫分人，即可看出，作为"本宫分人"，可能是本人过去的经历。（《辽史·耶律夷腊葛传》卷七八、《古迭传》卷一一四）"其先出于宫分"，可能是他们祖先的身份（同书，《萧乌野传》卷九二、《萧胡骂传》卷一〇一）。这都明示他们现在并不属于奴籍。在另一方面，虽然缺少这样的说明，也能举出同样的事例。

女里，字涅烈衮，逸其氏族，补积庆宫人。

应历初。好习马不（小？）底。……累迁马群侍中。时景宗在藩邸,以女里出自本宫,待遇殊厚,女里亦倾心结纳。及穆宗遇弑,女里奔赴景宗。……景宗既即位,以翼戴功加政事令……(《辽史·女里传》卷七九)

契丹所谓"耶鲁盌斡鲁朵"即天禄年间所建世宗宫分积庆宫,女里既外积伏宫人,当然是这里的隶民。特别是说到他在引文后段说他在景宗即位前即受其殊遇后,以拥立之功授政事令。这便明确了女里的情况。总之,在景宗作为世宗皇子的时代,女里的出身是"本宫"。因此,这个宫分不是别的,当然是指积庆宫。女里等作为宫分人虽然载于列传,可是因为他们是职宫人,就像引文所表明的那样,拥有不自由人即著帐户的身份,所以决不可能叙述他们的现状。关于这一点,我们重温前引《辽史·营卫志》所谓"著帐户释宥设入,随时增损,无常额"这一节说明,可以说"著帐户释宥"是相当容易的,所以,有所设宫分人出身者,能散见于列传。但是在释宥后,仍有与作为自由的契丹人不相称的丧失姓氏的现象。这决不是什么个别的没有条理的疏漏。正因为这些人自其祖先以来,就被列为不自由民,其历史愈长,丧失姓氏的可能性也愈大。结果,尽管得到释宥而成为正规的契丹人,依旧在某种形式下残留了一些痕迹。道宗清宁九年(1063年),皇太叔耶律重元的叛乱被镇压以后,在论功行赏之际,宿卫官萧乙辛、耶律挞不也,与阿斯宫的宫分人,即道宗直辖阿厮斡鲁朵(太和宫)的宫分人急里哥、霞末、乙辛、只鲁等同授大将军,他们这些宫分人都逸其姓氏。(《辽史·道宗本纪》卷二二)不能将此视为上述女里、古迭二人情况的旁证,现在身为自由的契丹人,并身居官位,但既非是耶律姓亦非萧姓,实际上绝不是本来这样,只不过是有些所设宫分人脱出奴籍以后,表现出姓氏被剥夺时代的一种残余而已。这是偶然的、极罕见的例外。换言之,耶律、萧这二姓,除籍没者外,可以说在大多数契丹人中间还是很普遍的。

　　关于耶律、萧两姓在契丹人中间普遍存在的问题，第一个疑问就算这样得到解决了。现在我们继续把第二个疑问，即耶律、萧两姓用于非契丹族的现象加以探讨。这种现象的发生，如果说没有任何限制的话，那就意味着这二姓同契丹氏族制、部族制没有任何关联，而是另一种习惯制度。换言之，在契丹的共同体社会中，耶律、萧两姓即完全变为毫无意义的一种存在。

　　上述非契丹人采用此两姓，可以说有个人单用，也有一族同时用，这两种情况是并存的。从表面上看来，这类似于中国赐予的国姓，但在实际上则有所不同，耶律隆运即是一例。如果说这是前一种情况的典型例证，那么，后一种情况的例证就是奚王族及其同种人，即奚种族成员。为避免理解上的混乱，兹暂分二类，先说第一类，一位本来叫做韩德让的汉人，在统和二十二年（1004年）赐姓耶律，改名为隆运，这位耶律隆运与上述陈昭衮等汉人之纯为荣耀而赐国姓，决不应视为等同。因为前者赐姓即得到特许恩典。受到横帐即耶律隆祐之孙耶律耶鲁为其继，后又选天祚帝第一皇子晋王敖鲁斡嗣之。他还拥有文忠王府这样一座只有帝、后和皇子才有的所设宫分。这些事实比什么都更能说明问题。这样一个特殊的汉人受到的待遇，是与纯粹的契丹人无异的。这又应该如何解释呢？耶律隆运旧名韩德让，其祖父为韩知古，六岁就在蓟州玉田县老家被侵入的契丹军萧欲稳收养，以后，萧欲稳之妹淳钦皇后嫁给太祖时，用他充当了陪嫁，即相当于蒙古的媵嫁之一种（即送给男家的仆人①），从他被置于这种身份的情况来判断，即便是异族分子也能包容在血统集团之内。由此可以明显地看出，所设收养的原则在某种程度上是起作用的。从十二世纪到十三世纪，在蒙古氏族制末期的社会中，成吉思汗的生母诃额仑所收养的塔塔儿部

---

① 符拉基米尔佐夫：《蒙古社会制度史》，中国社会科学出版社1981年版。

的失里忽秃忽(Sikigen Quduqu)和箴儿乞惕部的曲出(Küčü)等所设"拾寄儿",虽与原来的部族并未能断绝关系,但也成为成吉思汗的义弟①,这不能不说是可供参考的资料。韩知古既然被萧欲稳收养,如果采用契丹姓,那就应该姓萧。但是,在韩知古中年逃归故国以后,留在契丹的儿子韩匡嗣仍被淳钦皇后视为犹子,就像后文所说的那样,基于耶律、萧两姓互换关系。韩匡嗣之子德让被视为太祖之孙(淳钦皇后的义孙),对他赐姓理所当然不是姓萧,而不能不是耶律。

　　如上所述,收养的习惯亦适用于契丹族。而以韩德让为代表,我们已经说明了第一类赐性的情况。现在再转到另一个问题,即奚部人赐姓的情况。不能说赐姓适用于种族全体,尽管一个氏族全体被另一个氏族收养的例子,不是绝对没有②,而是非常稀少,但在部族全体中,这样的事往往不能设想。现在我们面临的问题是与收养原理完全不同的另一种情况。这个问题的线索,首先是必须注意奚人与契丹人语言相通这一民族共同点(《辽史·耶律葛鲁传》卷七三);其次,还要注意对北方民族无例外的族外婚制度,也严格存在于契丹人之中(关于这一点,将在第二节以下详述)。契丹与奚除了语言互通这一点以外,还有领土邻接。自有记载以来即有密切的历史关系等民族的共同性,正因为如此,如果他们在政治和军事上统一的时机一旦成熟,以由此产生的意识为媒介,即可形成把两族凝结的联合体的基础(在十世纪所建的契丹辽王朝,就是在这个部族联合体的基础上创建的)。在另一方面,契丹人内部是族外婚制,但是,随着这个新的部族联合体成立,把族内婚施于同族的奚族,也不是什么难事。换言之,把这种事情推进到能实现的阶段,这主要是由于辽王朝的建立,别无其他原因。"太祖并奚

---

① 《元朝秘史》卷三一四。
② 史禄国:《北方通古斯的社会构成》(川久保、田中译)第四章第四节。

王之众,抚其帐部,拟于国族。"(《辽史·百官志》卷四五)。自从并入太祖阿保机的势力范围以来,奚部众一般都得到与掌权的契丹族同等的待遇,这主要是由于两个族已经结成部族联合体。还有据《金史·奚王回离保传》卷六七中说:

> 奚有五王族,世与辽人为婚,因附姓述律氏中。……奚有十三部,二十八落,一百一帐,三百六十二族。

其与辽王室世代通婚,也不能不说与此有关。就是说,这清楚地表明,作为新的部族联合体的成员在契丹族内是一个族内婚单位集团,同时也是族外婚的单位萧姓(上述性格质在耶律姓中也完全一样)。可是,仅从字面来理解《奚王回离保传》而称萧姓(述律氏是萧姓的一部),与辽王室耶律氏世代通婚的奚人,似仅限于奚五王族。但如见到欧里部萧哇(《辽史·耶律奴传》卷一〇六)这个疑问,也就可以解释了。因为萧哇只不过是一名部人,并不是奚王族。由此可见,五部奚或六部奚①的部民全都享有这种特权,而不仅限于奚五族,这是不会错的。还有随着辽国帝王权的确立,耶律姓的地位急剧提高,达到贵族化的程度。因此,奚人虽与契丹人享有同等待遇,但只能以姓萧而不能姓耶律,这个问题可以这样说明。

以上所述,也许是过于复杂,主要目的是想说明辽代全体契丹人分姓耶律和萧以证实本节标题的称呼。只是遇到不合这个原则的例外,才使讨论复杂化。是采用赐予国姓这样一种中国制度。

---

① 奚种族原分五部,《隋书》、《北史·奚传》所述辱纥主、莫贺弗、契箇、木昆、室得五部与《新唐书·奚传》所述阿会部、处和部、奥失部、度稽部、无俟折部完全不符。还有《辽史·营卫志》下所载:"唐末五代奚五部,遥里部、伯德部、奥里部、梅只部、楚里部,亦与其相异。辽太祖增设堕瑰部,从此五部奚就成为六部奚。又在圣宗祠中……圣宗合奥里、梅只、堕瑰三部为一,特置二魁部以足六部之数……"虽然经过这样的改编,仍保留六部奚的体制(《金史·奚王回离保传》卷六七)。又据"……奚有五,大定间类族著姓,有遥里氏、伯德氏、奥里氏、梅知氏、揣式"。辽太祖改编为六部奚以前的情况,大体如此。这是应该注意的现象。

换言之,除了后来的一些制度以外,其他无论哪一种制度都不是部族社会原有的东西,而且也不过是在特殊情况下偶尔出现而已。因此,只有依据部族共同体的社会合成原理,才能完全说明这种现象。

第二节 耶律、萧两姓的起源与沿革

如上所述,耶律和萧两姓,在有辽一代,至少是作为把契丹社会截然两分的两个社会集团而存在,但是,是否可以解释为仅限于契丹帝国时代特有的现象呢? 总之,本节所要讨论的主题,便是两姓的起源与沿革。

先就全体社会而言,社会随着进步从原始人种社会脱离出来的程度,就要产生各种派生团体。因此,进入到确立王权和建成国家体制的契丹帝国——辽王朝这一时代,最低限度会出现一部分庶民合成的社会,仅此一点,可能就与耶律、萧两姓集团的起源有颇大的联系。《辽史》也是这样记载的。这种说法果真可信吗? 这个问题,不只因耶律、萧两姓集团有深浅关系,实际上也涉及与本质有联系的性质。因为正如前文所说,把全部契丹人全部概括无余,规模广泛,非常彻底。这正是两姓集团在形式上的特色。如果说只能在辽代寻找起源,那就不能不解释为:这在某种形式下乃是政治力量发动促成的。否则,那样具有普遍性的集团无论如何也不可能在辽代契丹社会中突然出现。因为如果是这样的话,这二姓集团当然不会是原始集团,而是利益相结合所产生的自由集团,其中也带有浓厚政治色彩的团体。换言之,只有这种政治的社会集团,才能促进辽王朝成立和影响其盛衰,并且不可避免要左右这两姓集团的命运。从另一方面来说,如果这两姓集团与辽王朝的创建并无关系,而从其古代共同社会探求其起源,则就应该认识该

社会的社会集团性质。在这种情况下，两姓集团的存续，应当据有超越王朝，维持这一种族的生命力。这可能是不成问题的。

以上所述是关于这两姓起源的初步基本考察，下边就来解决这个问题。第一步先从讨论《辽史·外戚表》序文所谓萧姓起于辽代的说法开始。

> 契丹外戚，其先曰二审密氏，曰收里[①]，曰乙室已。至辽太祖，娶述律氏。述律本回鹘糯思之后。大同元年(949年)太宗自汴将还，留外戚小汉为汴州节度使，赐姓名曰萧翰，以从中国之俗。由是收里、乙室已、述律三族皆为萧姓。(《辽史》卷六七)

所设国舅族，即指辽王室外戚称为萧姓者而言。大同元年太宗对他们表示舅父之子小汉，赐以中国式的姓名萧翰这一说法，不仅见于"外戚表"，亦见于《辽史·国语解》，已经成为自辽国时代以

---

① 二"审密"之一的"收里"，一般以"拔里"为正。《辽史》诸版本，如南监本、北监本、覆殿本、景殿本大都用"拔里"，但是对于这个问题，实际上不应简单地作出决定。现在南监本、北监本中的"拨里"，在《国语解》作"板里"，殿本《国语解》也是如此。百衲本虽以"拨里"为主，还有个别地方写作"板里"或"枚里"。这个问题仍悬而未决，有待进一步考证。我认为当"收里"为正，其理由如下：

    (1)百衲本《辽史·营卫志》，"收里"作"牧里"(南监本、北监本同此，只有殿本作"收里")。

    (2)据刘复《宋元以来假字谱》载：自宋至清，正字"收"，往往用假字"收"代替。

    根据上述两条理由，可征正字"收"即"拨""枚""板"等字出现的结果。导致《辽史》诸版本因字"拨"不一。特别是百衲本和两监本使用了"拨"这样一个根本不存在的字。尽管是消极的，却是强有力的支持。殿本把这个"拨"字一律改为"拔"，实在是很大的误解。如果止当地探索一下百衲本，两监本为什么使用"拨"这样一个既不存在而又奇妙的字，就不会轻易改为"拔"字。上述论证还有历史事实为证，那就是述律氏与收里氏有同一关系。如在本章第四节所述，辽的外戚即所设国舅族中有以大父房、少父房组成的收里国舅帐，以大翁帐、小翁帐组成的乙室已国舅帐。这里所设收里国舅帐，具体地说，相当于太祖淳钦皇后兄弟一族(见论文谱系表)。淳钦皇后并非别人，即述律皇后。不言而喻，因为出自述律氏。当然，不能不是述律氏——收里氏。《辽史·外戚表》中把收里、乙室已、述律三氏列为国舅族，这是由于用不同字音译，所以把收里、述律重复计算在内。与述律有同音关系者，"拨里"当然没有资格，"拔里"、"板里"、"枚里"也同样没有资格，只有还算"收里"合格者而屹然独存。

    根据上述考证，《辽史》中写为"拔里"、"拨里"、"板里"、"收里"的地方，都应该还原为"收里"这一正确形式。

来流行的一种通说①。在这里,如从尊重资料的性质这一立场出发,国舅族的萧姓并不限于国舅族,广泛采用萧姓必然发源于太宗朝代,出于个人模仿而采用中国的萧姓,在道理上并没有社会集团的性质。津田左右吉博士认为,辽代的耶律、萧两姓,并非用以表示血族或部族的关系,而主要是所有契丹人都有冠此两姓的习惯。从这个解释②中,大致可以看出他的论点。

不过对于这个问题,也有不同的见解,古时耶律俨和陈大任就持有不同意见③。从《辽史·国语解》和《后妃传》可略见其要点二:

> 辽史本纪首书祖姓耶律氏,继书皇后萧氏。则太国之初,已分为二姓矣。有谓始有之地日世里,译者以世里为耶律兴故国族皆以耶律为姓。有谓述律。后兄子名萧翰者,为宣武军节度使,其妹复为皇后,故后族皆以萧为使姓,其说与纪不合,故陈大任不取。(《辽史·国语解》卷一一六)

首先,如《旧辽史·本纪》(陈大任据《旧辽史》,谓皇统八年萧永祺编《辽史》七十二卷,辽末乾统三年耶律俨编《皇朝实录》七十卷。前者是依据后者所编纂,因此无论哪一种归根结底都是本绪耶律俨的,《皇朝实录》)肯定国初以来早有两姓存在④,则理所当然不能承认大同元年太宗对宣武节度使小汉的赐萧姓的说法,更具体地说:

---

① 关于萧姓的起源,《五代史记》七二《四夷附录一》有这样一段记载:"汉高祖起太原,所在州镇多杀契丹守将归汉。德光(即辽太宗)大惧。又时已热,乃以萧翰为宣武军节度使。翰契丹三大族,其号阿钵。翰之妹亦嫁德光,而阿钵本无姓氏,契丹呼翰为国舅。及收以为节度使。〔石晋宰相〕李崧为制姓名曰萧翰,于是始姓萧……"

　从这一记载可以看出,萧翰这一姓名并非太宗所赐,而可能是出于本人希望,请汉人李崧为之取姓名。

② 见津田左右吉:《辽制度的二重体系》附录《耶律氏及萧氏》(满鲜地理历史研究报告五)。

③ 关于耶律俨《皇朝实录》和陈大任《辽史》,请参看冯家升《辽史源流考与辽史视校》(燕京学报专号五)。

④ 爱宕松男:《辽金宋三史的编纂与北族王朝的立场》(《义化》十五卷4号)

佐族唯乙室、收里氏、而世任其国事，太祖慕汉高皇帝，故耶律兼称刘氏。以乙室、收里比萧相国，遂为萧氏。耶律俨、陈大任《辽史·后妃传》大同小异。(《辽史·后妃传》卷七一)

可见，这又另有太祖采用中国姓之说①。以上两说无论是说太祖或太宗采用汉姓，还是关于萧姓起源的说法并无根本分歧。不过津田博士从小汉个人赐姓出发，认为以后契丹人即有普遍采用两姓的习惯，这点是没有任何根据而漫无限制地夸大。还有耶律俨和陈大任的见解，则重视辽王朝皇族及与其相对的后族两血族集团早已存在，认为这两个血缘集团采用汉姓上是基于皇帝的意志，不能不说这二种见解的差距颇大，因为前者认为，这样出现的两姓集团是与和家的集团(domesticassoiation)完全无关的任意集团。后者则与此相反，明显地看出这与一直存在的初始集团有不可分割的关系，而且受到王朝的规章制度的影响，也就是说被赋予一种制度的性质。一种说法认为两姓是与"血统或部族毫无牵涉"的任意集团，另一说法认为两姓是在血缘基础之上树立起来的制度。比二说之间的差距，决不能算小。

这两种辽代耶律、萧两姓的性质问题的两种不同见解，我们应如何判断呢？首先要注意仅仅二者择一并不是解决问题的唯一途径。先从"津田说"谈起。如果辽代的两姓集团，果真像他说的那样，不是根据出生的原则决定的无意集团，而是集团的成员了解集团的目的而主动加入的任意集团，那为什么能在短时期内，把全部契丹人一人不剩都普遍包括进来呢？对此，不能不抱疑问。退一步来说，假设由于某种原因而出现了这种普遍性，既是与家的集团

---

① 庞元英在《文昌杂录(五)》说："余尝见枢密都承旨张诚一说：昔年使北辽，因问耶律、萧两姓所起。彼人云："昔天皇王问大臣云：'自古帝王英武为谁邪？'其大臣对曰：'莫如汉高祖。'又问：'将相勋臣孰为优？对以'萧何'。天皇王遂姓耶律氏，译云刘也。其后亦赐姓萧氏……"

　　"元年前后(1078—1087年)即辽道宗朝契丹人便有此传说。"

毫无联系,皇族上姓耶律和后族姓萧,事实上就成问题,很可能是无论如何也不能解决的悬案。在另一方面,耶律俨、陈大任认为两姓是在家的集团性质的基础上建立的制度,这一见解,我们根据历史史实也可以反问,采用两姓是否是在太祖时代,特别是契丹在辽亡以后失去国家的统一,十二世纪以后在异民族金、元王朝的统治下继续生存,尽管可以,为什么他们依然继续保持两姓,仍用耶律姓而极少用刘姓,并且继续保持其名号的集团实体。在这里,就可能出现重大的难题。

一方面说,耶律、萧两姓具有无意识集团的性质,另一方面说,两姓起于辽王朝,这样要协调这两姓说法似乎几近绝望。但是,如果改换一下讨论的出发点来研究两姓的性质及其起源之间的矛盾,不一定就不可能协调以上两说。

如果耶律、萧两姓的性质在某些意义上具有无意识集团的含义,那就要向古代契丹共同社会追溯其渊源,决不能说两姓起源于太祖或太宗的赐姓或一纸法令,何况这两姓是永远互相交错地建立了一种平行关系,在这种场合下谈论这两姓的起源是什么意思呢?不能不认为这里是有问题的。

《辽史》的几处记载多少是有分歧的。如前所述,其中只有说萧姓是采用汉姓这一点倒还一致。不过,虽然都说借自汉姓,有的说是在转借的客观已经存在的情况下转借来的,还有的说不是这样。前者是严密地适用汉姓的转借的表现,后者则不能不说是一种创姓。萧姓的转借应当归于哪一类型,这对起源的问题有大不相同的意义。关于这一点,后族采用汉姓"萧",皇族则采用汉姓"刘",在上述《后妃传》均已定论[1]对此不能忽视。从两姓对称而保持均衡来说,转借刘姓的本体是耶律姓,与其相当的契丹另一社会

---

[1]《金史·国语解》卷末列举了与女真姓完颜等对应的汉姓。后边也谈到契丹两姓:高本汉,石抹曰萧,移剌曰刘(《汉字分析字典》)。

集团就是转借萧姓的本体,这是很明显的。要是这样的话,所谓萧姓便是起源于单纯的名号转借,同转借的萧姓本体这一社会集团的起源完全无关,是另一回事。这个结论,不仅把萧姓视为具有无意的集团的性质,而且把萧姓的起源同太祖、太宗联系在一起。这个问题,一看就显得矛盾重重,说明实际决不是这样。

在太祖、太宗朝,汉姓萧似乎是契丹固有社会集团之一的总括称呼。不言而喻,这就是《辽史》音译的"审密"。审密姓作为古代契丹社会二大结构之一,事实上与耶律姓是同时并存的。辽代契丹人中间流传着关于他们祖先的传说,据说阻午可汗是他们最早的祖先之一,同时被人们崇拜为契丹族中兴的民族英雄。关于他的事迹,《辽史·营卫志》卷三二中有一段记载:

> 阻午可汉分三耶律为七,二审密为五……三耶律一日大贺,二日遥辇,三日世里,即皇族也。二审密一日乙室已,二日收里,即国舅也。

由大贺、遥辇、世里三支构成的耶律姓集团(关于耶律姓的构成,显有混乱,不能这样迁就下去,详见第三编中所论),与乙室已、收里二支构成的审密姓集团,这两个集团正是在七世纪末万岁通天败绩以后,被阻午可汗收容起来的全部契丹余众,同时也是后来契丹八部的基础,而且以后延续到进入辽王朝时代。耶律形成皇族,国舅族则为称后族的乙室已和收里的结合体,这不是姓审密又是什么呢?

以上所述的要点是,在古代契丹族的共同社会中,正如辽代契丹人口传的那样,追溯到最古的年代即有耶律、审密两集团,这当然是一种共同社会内部学位的无意的集团。耶律、审密二集团之下,又分出几个支派集团,在这样形势下,从以部族或部族联合体的基础的社会,发展到王朝国家的以庶民结成的社会,十世纪初的辽国,在本质和形式上必然或多或少有些变化。而且决不可能在一朝一夕完全土崩瓦解，作为前代的遗制的残滓。仍然长期拖着尾巴残存下来。所说刘姓（耶律姓）、萧姓（审密姓）的起源问题，实际上就是这样一个过程，它不仅与本来汉姓的性质有所不同，而且耶律、审密二集团如下节所述，耶律、审密集团是半族把宗族名刘氏、萧氏转借过来，只是过分强调和扩大了二者所共有的血族集团这一性质，同样都是血族集团之间潜存着严密的差异，就是说，半族已经丧失其机能，只不过是前代遗制的一种形骸。宗族和家族被混为一谈，这种情况导致将两姓起源同太祖、太宗联系在一起，这不是偶然的。

尽管如此，为什么在为数众多的汉姓中，特别选择刘氏、萧氏两姓呢？这也不是偶然的。据《后妃传》说，这两姓出自汉高祖刘邦和相国萧何，我们能够这样领会吗？辽太祖景仰汉高祖，所以采用刘姓为国姓。《后妃传》这一说法，在本节补注六所引《文昌杂录》中也有类似的叙述。依此推断，这种传说在辽代末期就已经存在，但是不消说，传说的存在和传下来的内容是否就是历史事实，这完全不是一回事。至少在发现足可凭证的资料以前，还找不出辽太祖对汉高祖如此倾倒的根据。而且把他的表侄小汉即萧翰同萧何联系起来的因果关系，当然也很难令人首肯。特别是，如果把乙室已和收里比作辽国外戚，则采用名姓更适合，决不应该采用萧姓。这不能不说是充分暴露了理论上的缺陷。我对这些问题综合考虑的结果，认为《后妃传》的记载和《文昌杂录》中所记叙的传说，都不是历史事实，只不过是一种牵强附会。

契丹人的半族采用汉姓刘和萧，并不是出于上述原因，而是同本来的半族称呼耶律（古汉音 ịa ljiuet）[①]和审密（古汉音 sịəmmiĕt）谐声才关联才选用的。详见第二编所述。总而言之，耶律和审密

---

① 高本汉：《中国音韵学研究》。后一书有赵元任、罗常培、李方桂的注译本，研究古汉字供参考。

的本意是出自古代契丹人的图腾马和牛。对于那种用汉语表现的半族名称，把蒙古语的马 jalu－ga（单数）jalǎ－t（复数）和牝牛（sir－mut）同在某种程度上与此近似的古代语音加以对比时，可以认为在一定程度上反映了正确性。这种关系如下表所示。

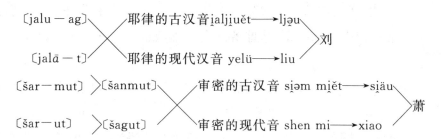

耶律和审密这两个半族名称，按它的本义来设想，其音值与刘和萧持的关系即可自明。果然是这样的话，刘、萧两姓则是一方面采用汉姓，另一方面又反映契丹语对原来集团称呼的全部或部分影响的一种表现。①

尤其是耶律—刘氏集团，虽然采用了汉姓氏，但仍通用本来的称呼耶律。只有审密—萧氏集团，以汉姓萧通称。这是一个跛行现象。在语音上，刘只能反映出耶律的后半音，相反，萧则能大体上表现出审密的全音。应当考虑到这一点，因此引起后世对于这

---

① 在《辽史·外戚表》、《国语解》及《五代史记》、《契丹国志》中都曾言及有关萧姓起源的宣武军节度使萧翰，《辽史》列传卷百十三有："萧翰，一名敌烈，字寒真，宰相敌鲁之子"的记载。关于赐姓问题和萧姓的起源，则无一语道及。所设萧翰是把他的契丹名字小汉改换为同音的汉式姓名。不仅契丹人有这种情况，其他北方民族也有，他们虽有氏族名或半族名，但是没有姓，因此，把小汉这样一个称呼号，改换为萧翰这一姓名齐全的复合体，严格说来，是极不确切的。仅有名字的未开化人，一般都有异称、浑名及其他形式表明其所属集团（摩尔根：《古代社会》Ⅱ二），似乎小汉也在此例。小汉似是他的绰号或异称。如果是那样，也许这个异称暗示了他所属的集团，这种推断是有很大可能性的。据《五代史记》载他还有一个异称"阿钵"，这是否意味着国舅的一种敬称呢？（阿钵可能是蒙古语的 abu）这样，小汉这个名字就能发现其所属的半族，为审密，即 siəm mjiět（牝牛）的名称经过 sarmut（šaut šau〔t〕）的转化而反映出来。"汉"字多半是在蒙古名词后附的接尾词 han，有指小的意义，sau—han。可能意味着"审密的公子"，采用汉姓"萧"，并不是审密集团有 Hsiao 这样一个称号，恰恰与此相反，是特别与审密音近的萧姓，这一方面满足了人们倾慕汉姓的欲望，同时借此整顿文化体裁，另一方面表现了原来的契丹名字，道理就是这样。

个问题的解释难趋一致而形成混乱。确实,如能正确地掌握两姓的本质和刘、萧二姓的实际情况,就很容易避免出现混乱。在辽金时代曾几次编纂过《辽史》(《旧辽史》),纂者如耶律俨、陈大任等,虽然曾引用的辽代文献中,对于耶律、审密两姓和刘、萧两姓的本来意义,不能明确理解,如果便在《辽史》中掺以主观臆说,给后来的研究者带来了很多迷惑难解之处。例如《辽史·国语解》有一段说:

> ……又有言,以汉字书者曰耶律、萧。以契丹字书曰移剌、石抹。则亦无可考矣。

可将所谓的"汉字"、"契丹字"改作"汉语"、"契丹语",那么至少有一半还能勉强说通,尽管这里还有文字表现符号的差异,但不会感到缺乏内容。这种解释作为一种说法流行,充分暴露出当时知识的不正确已经达到了牢固的程度。现在批评这一点,指出汉语、契丹语的差异即可解通一半。至少关于后一半确实是那样。契丹帝国灭亡以后,金、元两代为主的记载是用移剌和石抹对称,即相当于辽代的耶律、萧。换言之,亦耶律、审密。既然认定所设移剌类似耶律[1]、石抹类似审密,那就是能够理解契丹原名的jalùga(单数)jalā—t(复数)即马和 Sir—mut 或 šar—mut(复数)即牝牛的异译。

迄今对于移剌和耶律的同音异译关系,已成定论。与此相反,石抹与审密的关系则完全被忽视,仅有卫特夫博士的近著曾涉及此事[2],这是寡阅少见的我接触的唯一资料。然而他的著作只是把述律、审密、石抹胡乱排在一起。(见下表)看到这一点,不能不指出其两姓的本质,因为,如在第二论[3]中所述,述律就是收里的异译,

---

① 移剌也作曳剌,见《元史·食货志》。
② 见卫特夫注文。
③ 参见本书第一编第一章第二节补注。

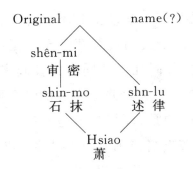

也是与乙室已并列构成审密半族的两支派集团之一（所设二审密，即前述组成牝牛半族的两个下属集团收里和乙室已）把述律与审密并列，在同一语言系统中，这是不可能的事。

归纳把上述评论和论证，我对耶律、萧两姓起源和沿革的见解，如下表所示：

如上表所示，刘、萧两姓并用仅限于在辽王朝时代。从契丹族的悠久历史全面看来，的确，这也不过是一时性的特殊事例。换言之，在十至十二世纪的辽王朝时代，前后几个世纪，或在十几世纪的悠久历史当中，契丹本来固有的名称。虽然多少有些转化，但还能始终一贯地维持下来。同样都采用的汉姓，仅能表现耶律一半声音的刘姓很快就消失，只有大体上还能表现审密全音的萧氏，在比较长的时期还保持其生命力。结果并称的既不是耶律、审密，也不是刘氏、萧氏，实际在形式上颇不均匀，是很遗憾的。把这个问题单纯作为名称问题来处理，当然不合理。因为这个问题的本质是平行的，这样考证也许不会是谬误的。说文不进一步阐明，对于辽代的两姓，津田博士认为是与血统关系无关的任意集团，耶律俨、陈大任则认为是与辽王朝政治有不可分的关系的制度体。这些见解不能说明,这两个集团连续存在于辽王朝时代前后许多世纪中。只有视其始自共同社会并同时成长起来的社会集团,这才是置于严格的历史事实之间经得起考验的唯一见解。

最后还附带说明的是,耶律和萧是并称,如前所述,这对并称是很不确切的。本来应当依据正确的考据,仍暂用原来的术语。下文出现的耶律、萧就是这个意思,希于鉴察。

第三节　耶律、萧两姓的社会机能

耶律、萧两姓是把辽代契丹人的社会划分为二的集团,并且起源于远在辽王朝建立以前的古代共同社会,这在前节已经论述。现在想打破迄今关于两姓的界限定更前进一步,研究所谓无意的集团,究竟应当属于怎样一个范畴。对于这些问题现在已经达到了精确的探索阶段。在这种情况下,把包含在基础社会中屈指可数的发生集团,一个一个寻找出来,加以比较对照,以此为基础来分析两姓具有的社会机能,根据这个特征,再下最后定论时,就不会幼稚可笑了。尽管定出这样一种方法,可是如此所能利用的资料,不用说几乎是限于王朝正史《辽史》。其中涉及两姓动向者仅限于国家时代而且偏于上层部分。如想直接掌握庶民层的实态以及部族制时代,不能不说希望很少,不过确信还能从中得出一般的结论。

从《辽史》所能找到的关于两姓的社会机能,首先应当指出的是规整的婚姻,这点确实有可靠的根据。如前所引,通过《辽史·外戚表》和《国语解》,对皇族为耶律姓和后族为萧姓,已成为有辽一代的普通观念,整齐的婚姻是两姓的社会机能,似乎一看就能充分证明,实际这个论断仍难免不完全,并不是说这一普通观念含有虚构成分,遍查《辽史·皇子表》、《公主表》、《后妃传》等从中可以看出皇子之母、公主之婿、皇帝的后妃,所有皇族配偶,不分男女,全部都是萧姓的成员,这个事实,比什么都更能说明论证确凿,既然如此,又有什么妨碍作出上述论断呢? 不言而喻,那就是皇族和后族的称呼之中还遗留着问题。这个称呼仅仅意味着皇帝一族和皇后一族,此外别无其他含义。那么,所设皇族和后族的范围又如何,对于这个问题的回答,当然不会是一致的。这里至少容易明确地指出两种不同的内容,一个是属于家族或者宗族,家族结合的范围;另一个是民族或者准氏族,即可能相当于里韦斯所设的家族和氏族①。各自形成的二个血族集团,换言之,前者的成员关系表现具有血族的语言和系谱,这主要是狭义的一族,后者与此不同,可以说是广义的一族,大致上不能不如此加以区别。在这种情况下,如果皇族和后族属于广义范围,当然是不成问题了。因为属于皇帝的氏族或如此为准的氏族集团都姓耶律,当然他们的婚姻对方是后族萧姓,此二族所具有的整齐婚姻的机能,即可得到全面论证。然而皇族和后族的称呼如果属于狭义的话,这又将如何呢? 毋庸讳言,在这种场合下,虽能明显地看出,皇族和后的宗族之间结成的婚姻关系,但就耶律、萧两姓以外的大部分成员而言,即一无所知。

　　从皇族、后族这种称呼所具有的外延差异,产生了皇族姓耶律、后族姓萧这样一个有辽一代的普遍观念,也直接使整齐婚姻与两姓的机能相联系,造成困难,以上所论述,只能说是大体上的结论。必须牢记,这个理论不过是单纯在理论上成立。现在,我们再回到妨碍作出上述论断的狭义的皇族和后族,其实际情况仍有重新探讨的必要。

---

① W·里韦斯(Rwers):《社会体制》(井上吉次郎译)第二章。

在特定的皇帝一家与皇后一家之间,可以确认,嫁娶关系分耶律姓、萧姓。但是,这种关系和其余的同族、其余的一般契丹人的习惯相去悬殊,如果没有距离的话,上述所论当可成立。倘若这是属于观念上的问题,可以姑且不论,最低限度从实际出发,能否考虑这个问题,这正是重新探讨的焦点。

关于这一点,在开始新阶层化的契丹社会中,因作为权力根源的皇帝有关联的皇室和外戚宗族,都变为具有优越地位的世家,由于这样特殊化,原来部族制社会的习惯,已不能按照固有形式[①],继续约束这些宗族,我们对于这样的事实,不能熟视而不见。的确,在辽代能找到这种迹象。太祖的子孙及诸从父、诸弟的子孙,称横帐三父房(孟父房,仲父房,香父房);太祖淳钦皇后兄弟的子孙,称国舅大父房、少父房,还有与此不同的其他系统的外戚称大小翁帐的特权宗族。这个问题与婚姻有关。如圣宗开泰八年(1019 年)诏书说:

> 开泰八年十月癸巳,诏横帐三房不得与卑小帐族为婚。凡嫁娶必奏而后行。(《辽史·圣宗本纪》)。

这是对于原来的习惯加以重大限制。可是,这种限制能否从根本上改革过去的习惯,事实上是否这样执行,这个问题,至少就辽代而言应当答以"否"字,就是辽末咸雍十年(1074 年),都林牙耶律庶箴上奏,改革契丹婚姻旧制,道宗答以旧制不得变更。此例时即可充分证明。

> 咸雍十年。都林牙耶律庶箴上表,乞广本姓氏曰:我朝创业以来,法制修明。惟姓氏只分为二,耶律与萧而已。始太祖制契丹大字,取诸部乡里之名,续作一篇,基于卷末。臣请推广之,使诸部各立姓氏、庶男女婚媾有合典礼。帝以旧制不可

---

① 关于横帐三父房,国舅大小翁帐、大少父房,参看第四章系谱。

遽厘,不听。(《辽史·耶律庶箴传》卷八九)

道宗完全缺乏改革旧制的思想,加上直到当时未作任何改革的旧法,从这两种情况即可充分推断,在特殊化的特权宗族之间,除在婚姻习惯上多少受制约以外,再没有其他明显的变化。

对于上引耶律庶箴的奏议,岛田正郎博士解释[①]为当时契丹人中间,因未实行汉族的同宗同姓不婚制,而意欲付诸实施之。本来契丹人并没有同汉族一样的姓氏和宗法制度,因此,对于岛田博士所谓"未实行汉族的同宗同姓不婚制,主要应当领会为准同宗同姓的契丹亲族集团内部互通婚姻。除此含义外别无其他",当然这样解释是错误的。一个种族包容着半族和氏族,因为缺乏有组织的婚姻制,在血族集团内部漫无限制地互通婚姻,这在极端特殊的情况下也是有的。契丹族内的耶律、萧两姓,如上所述,是以血族组带结合起来的发生集团,任何一方都自成婚姻单位(外婚单位),可是绝未在单位之内实行通婚即汉俗所谓同宗同姓婚,对于无可否认的两姓通婚这个事实,岛田博士也是承认的。但这与所设同宗同姓婚的存在说自相矛盾。结局就把这个外观上的两姓累世婚姻的组织形式视为一种"习惯"的族外婚。

这些姑置而不论,在耶律、萧两姓的性质上,如果附以整齐婚姻这一机能的特点,上引耶律庶箴奏议当然不会不是着眼于修此两姓具有现实的机能。进一步说,就是对现行婚姻制度感到有所不便,所以想通过这样一个改革加以解决。那么,所设"不便"又是什么呢?从改革案的目的在于增设姓氏这一点大致可以推断,因为在这个时候增设姓氏,当然要牵涉到婚姻关系,不能不认为这就意味着增设婚姻单位,可以认为耶律庶箴在当时在想改变现行婚姻的旧制,但看不到某些因素显然限制着通婚范围。在这里我们

---

① 岛田正郎:《辽代社会史研究》第二部。

也应该回忆一下：随着辽国的建立及其社会的阶层化，名列前茅的帝室宗族（横帐三父房）外戚宗族（国舅大小翁帐、大少父房）的特权宗族，跃于普通契丹人家族群的水平线之上的结果，他们认为庶民阶级是卑小的帐族，而拒绝通婚，此外还有其他一些禁例。此时，旧日的习惯法，当然，不能不受到大幅度的限制。耶律庶箴上奏实际是要在各部建立新姓，这里所说的各部，如在上文所述，是分属于两姓之下的契丹八部，即指氏族复合体而言，从而将仅限于耶律、萧两姓的通婚单位一举扩大到四倍，以便打开新形式的婚姻狭路。稍微具体地说，例如属于耶律姓的迭剌部人，即迭剌氏族成员，按照原来的婚姻制度，只能同属于萧姓的四氏族成员才能通婚。现在这个改革案，把部都升为族外婚单位，这样，迭剌部人就能与除本部以外的七部通婚。总之，他的意图并不是想改变族外婚制，而是想把以半族为单位的外婚制度改为以氏族为单位。仅此一点允准，我们不能不对整齐婚姻这一两姓的机能的根深蒂固性给予正确的评价。

　　以上我们从整齐婚姻这方面论证了辽代两姓所具有的主要社会机能。这毕竟在辽国治下，仅限于特殊宗族之间，还能多多少少地发现一些消极的变化。在积极方面当然尚未达到动摇原来婚姻制度的程度。从这样的强韧性来推断，可以想象在辽国建立以前的共同社会，这种制度已经面貌整然。另一方面，在辽国以后仍有此遗风，幸而文献对此两者都有记载。

　　首先，在《辽史·后妃传》中有所谓肃祖选媳的故事：

　　　　肃祖尝过其家（懿祖庄敬皇后萧牙里辛之家），曰："同姓可结交。异姓可婚姻。"知为萧氏，为懿祖聘焉。

肃祖是太祖的高祖父耶律耨里思。懿属为其子，即太祖的曾祖父耶律萨剌德。故事的时代背景可以上溯到辽国以前的四世，而且故事的中心人物是共同体的一位成员萨剌德。就像我们看到的那样,耶律、萧两姓在婚姻方面机能实在是历历在目。辽亡之后,也有文献证明这种情况仍然继续存在。如下表所示,可以看出已经有些简单化了。

金王朝时代的事实

金史列传九五	移剌履	娶萧氏
金史列传一三五	移剌窝斡	母徐辇
元遗山集三六	耶律思忠	夫人郭氏
元遗山集三七	耶律辨才	夫人靖氏
元文类五一	耶律贞	夫人(女真)纳合氏
胡紫山集一七	耶律乌达噶	妻萧氏
金史列传六七	奚王(萧)回离保	世与辽人为婚,因附姓述律氏中
金史列传八二	萧仲恭	母道宗秀女
金史列传八二	萧拱	妻耶律弥勒姊
金史列传九一	石抹荣	母忽土特满
金史列传一二九	萧冯家奴	妻耶律延禧女
金史列传一二九	萧裕	女夫遏剌补
胡紫山集一六	萧奇拉尔	妻耶律氏
胡紫山集一六	萧百德	妻耶律氏

元王朝时代

元史列传一四六	耶律楚材	妻苏氏
元史列传一四九	耶律留哥	妻奚姚里氏＝萧氏
元史列传一五〇	耶律阿海	耶律买哥妻移剌氏
元史列传一八〇	耶律希亮	母(蒙古)赤帖吉氏
元史列传一九三	耶律忒末	妻石抹氏
元史列传二〇〇	耶律忽都不花	妻移剌式
胡紫山集一七	耶律译民	夫人萧氏
胡紫山集一七	耶律闾之	夫人萧氏
滋溪文稿一七	耶律钧	妻谢氏
滋溪文稿一七	耶律有尚	妻奚伯德氏＝萧氏
元史列传二〇〇	撒里	妻萧氏
元史列传一五〇	石抹也先	妻耶律氏
元史列传一六九	石抹明里	妻梅仙
胡紫山集一六	萧晟	夫人满札氏
胡紫山集一七	萧世冒	夫人段氏
滋溪文稿一七	萧晟	妻宋氏
滋溪文稿一七	萧守信	妻刻氏
元史列传二〇〇	买哥	妻耶律氏

　　此表列名于金、元正史列传者六十余人。再加上同时代的《神道碑》《墓志铭》等所列契丹人（包含奚人）三十余人，凡已注明的婚姻关系者皆收集在内。其中有六例因姓氏不明，暂且除外，从其他二十六例可以看出，自金代入元同汉人婚姻者显著增加①，这一点虽能说明契丹原有的婚姻制度正在逐步崩溃。这里也许有一夫多妻制的习惯，虽娶汉人、女真人、蒙古人为妻，但置契丹人为妾，这样的可能也要充分考虑到。但是其中契丹人与契丹人婚配仍占大半。这一点还是很重要的。两姓的整齐婚姻依然保持其严格性，仅有两例除外。

　　以上我们探讨了耶律、萧两姓在契丹人社会所具有的社会机能，已经详细论述了关于整齐婚姻的情况。当然除此之外，可以视为两姓机能者也不是绝对没有，诸如从"燕享仪礼"、"呪术行事"，或者"祭祀仪礼"等方面也可以推断出来。遗憾的是，资料缺乏，尽管深感这些都有十分重大的意义，但绝无希望作出像前述婚姻制度那样的决定性论断。不过，尽管确实性很不够，不管怎样，下面还是谈谈一般的论点，这是要预先声明的。

　　《辽史·卷五三》《礼志》有"岁时杂议"一项，其中记录了辽代契丹人的年中行事和风俗，所作"柙里尀"即年中行事之一。每年行两次，即在二月一月和六月十八日举行燕享。从设宴的目的和形式可以看出，这是部族社会共同娱乐的一种残余，值得注意的是，"柙里尀"注云，"柙"读若"狎"，"尀"读若"颇"是从这一点推断

_____

① 与汉人，渤海人等通婚关系，如《辽史·太宗本纪》所说："会同三年十二月丙辰诏：契丹人授汉官者从汉仪，听与汉人婚姻。"
　　这原是在极端有限的范围内才能许可的。以后撤销了这个限制，普通契丹人的自由婚姻似已在法制上得到承认。厉鹗的《辽史拾遗》引用余靖的《武溪集》契丹官仪说："胡人东有渤海，西有奚，南有燕，北据其窟穴，四姓杂居，旧不通婚。谋谋臣韩绍芳献议，乃许婚焉……"这是说重熙年间的宰相韩绍芳（《辽史》卷七四）建议的结果。随着辽国的建立，加入庶民社会的契丹人同这些异族开始通婚，这是当然的。但在辽代，契丹人大部分依然处于前代以来的部族制社会之中。依据兴宗朝这一法令，就判断作出旧婚姻制度已开始崩溃，那是错误的。

的,近似于契丹语 hsialipo,以译注"怦里,请也。呬,时也"为凭,那可能是"招待之时"的意思。想把"怦里呬"系原为契丹原语是相当困难的事,也许这是蒙古语 jala—hu〔n〕①的反映,意未可知。我这个设想是,在动词的词根上附以 hu、hun 构成抽象名词,jalahu 意即"请某人来","引某人来家里"。由此产生 jala—hu〔n〕意即"在我家的招待"。这样,与原语比是否正确姑且不论,不管怎样,"怦里呬"是燕享仪礼,这是确实的。即:

> 二月一日为中和节。国舅族萧氏设宴。以延国族耶律氏,岁以为常。国语是日为怦里呬。

二月一日是外戚宗族萧氏设宴,招待帝室宗族耶律氏成员。又有:

> 六月十月八日,国俗(族?)耶律氏设宴以延国舅族萧氏,亦谓之怦里呬。

六月十八日这一天相反,是帝室宗族耶律氏设宴招待国舅族萧氏。因此,视其为两姓之间的相互共同娱乐,也未尝不可。关于这个问题,我们联想到摩尔根所说的易洛魁族的睹博球戏是否有共同之处。易洛魁的睹博球戏②是半族的共同娱乐,摩尔根指出,指挥共同娱乐是半族原则上的一种机能。不过,就"怦里呬"而言,按照《辽史·礼志》的说明,皇族耶律氏和国舅族萧氏的内容仍不明确,是否姓耶律和姓萧的全体成员都能参加,这是很难判断的。"岁时荣仪"这一项目专门记载了一般契丹人的年中行事,仅从这一点来看,就不能仓猝判断为属于广义的两性。特别是在《契丹国志》(卷二七)岁时杂记中也有同样的燕享。记载:"二月一日,大族姓萧者竝请耶律姓者于本家,筵席北呼,此节为辖里呬"。

看来,两姓之中,限于大族,莫如解释为狭义的两姓更合理。

---

① 见科瓦列志斯基《蒙俄法字典》。都译作"请来","叫来"。
② 摩尔根:《古代社会》第二编第三章。

似乎应当视为帝室宗族和外戚宗族为中心的上层阶级的活动成分更大。尽管如此，这项娱乐活动仍有充分理由设为本来是两姓成员全体参加的共同娱乐，只是自辽王朝建立以后，才被这些特权阶层所独占。如果这样推测不错，就两姓所具有的机能而言，现在我们还可以再加上指挥共同娱乐这一机能。

与"帡里㕑"这一燕享仪礼相对的是所设呪术行事，即指柴册仪和再生仪①而言，正如《辽史·礼志》，这都是阻午可汗的制度，从生动活泼的呪术行事形式上，不难看出它的起源很悠久。再生仪称覆诞礼，每隔十二年（辽代实际上不在此限），只许皇帝、皇太后、皇太子迭剌部专离堇举行这种再生仪式：

> 再生仪，凡十有二岁、皇帝本命前一年季冬之月，择吉日，前期禁门北除地，置再生室，母后室。先帝神主舆在再生室东南，倒置三岐木。其日以童子及产医妪置室中。一妇人执酒，一叟执矢箙，立于室外。有司请神主降舆致奠，莫讫，皇帝出寝殿诣再生室。群臣奉迎再拜。皇帝入室释服跪。以童子从。三过岐木之下，每过，产医妪致词拂。试帝躬。童子过岐木七，皇帝卧木侧，叟击箙曰："生男矣。"太巫幪皇帝首兴。群臣称贺再拜。产医妪受酒于执酒妇以进。太巫率襆裸綵结等物，赞祝之。预选七叟，各立御名系于綵，皆跪进。皇帝选嘉名。受之赐物，再拜退，群臣皆进襆裸綵结等物。皇帝拜先帝诸御容，遂宴群匿。

简要地说，先是布设再生室，室中倒植岐木，皇帝临再生室，脱履解衣，裸体三过岐木之下。每次都由产医婆诵呪拂试圣体，皇帝三过岐木，即横卧室内，然后，预先待于室外的八部长者之一高喊：

---

① 关于再生仪，岛图正郎的《契丹再生礼》（见《和田博士还历纪念东洋史论丛》）和林端翰的《契丹氏族的再生仪》（见《大陆杂志》四卷二号）这两篇论文是同时发表的，都不过是按照萨满教的一般见解来说明这个问题。

"男儿生",太巫应命拿着衣服给裸体皇帝穿上。皇帝这才起立,接受太巫所进襁褓和七部长者所进"产名"。

再生仪完毕后,继续举行柴册仪,即再生仪终以八部长老扈从于皇帝前后左右,各乘马急驰。外戚长老作为御者与皇帝同乘一骑,行抵适当距离之处,即将马仆倒,此时,从者御者都一齐用毛毡覆盖皇帝和马,有顷,皇帝从毡盖中脱出,立于附近的阜,至是大臣和各部首长等,列仪仗,遥望礼拜。皇帝于是遣使者告以先帝升遐,并询应选何人为新帝。群臣誓言决不拥立他人,帝受之,仪式至此算告终。

> 柴册仪,择吉日,前期置柴册殿及坛。坛之制,厚积薪,以木为三级坛,置其上。席百尺毡,龙文方茵。又置再生,母后搜索之室。皇帝入再生室,行再生仪毕,八部亡叟前导后扈,左右扶翼。皇帝册殿之东北隅,拜日毕,乘马,选外戚之老者,御皇帝疾驰仆,御者、从者以毡覆之。皇帝诣高阜地,大臣诸部帅列仪仗,遥望以拜。皇帝遣使,敕曰:"先帝升遐,有伯叔父兄在,当选贤者。冲人不德,何以为谋。"群臣对曰:"曶以先帝恩厚,陛下明德,咸愿尽心,敢有他图。"皇帝令曰:"必从汝等所愿。我将信明赏罚,尔有功,陟而任之。尔有罪,黜而弃之,若听朕命,则当谋之。"佥曰:"唯帝命是从。"皇帝于所识之地,封土石以志之。遂行拜先帝御容、宴飨群臣。

《辽史·礼志》卷四九的记载,还继续叙述了详细情况,但仅此已足可看出仪式要点。

在再生仪中,钻过倒植人高形的岐木下面,是模拟分娩的实际演习,皇帝裸体,产医妪拂拭裸体而临的皇帝,长老高喊男儿诞生,太巫进襁褓,七部长者进产名等等,把分娩情况表露无遗。这种模拟必至引起真实感,这是基于类感咒术(imitative magic)的一种信念。弗雷泽曾经举出无数未升化阶段的实例来论述这个问题。[1]同样在柴册仪中,皇帝与乘马同时仆倒是模拟"死"的行为,便成升遐的皇帝。即立于高阜此前在再生礼中的新诞生者,即得群臣表示忠诚而即位当上新皇帝。

《辽史·礼志》记载的再生仪和柴册仪,是作为皇帝举行仪式的国家典礼。这里可以看出中国思想的感染和形式的复杂化。仅此一点即已表明其本来意识的升华。对于这个仪礼,《辽史》是这样解释的:

> 善哉,阻午可汗之垂训后嗣也,孺子无不慕其亲者,嗜欲深而爱浅。妻子具而孝衰,人人皆然,而况天子乎。再生之仪,岁一周星,使天子一行是礼,以起其孝心,夫体之也真,则其思文也切。孺子之慕,将有油然发于中心者。或发之妙,非言语文字之所能及。善哉阻午可汗之垂训后嗣也,始之以三过岐木,母氏劬劳,能无念乎。终之以拜先帝御容,敬承宗庙,宜何如哉。诗曰,无念尔祖,聿修其德。

照这个说法,再生仪也不过是经常追慕生我者父母的劬劳之恩的一种仪式。

但是,不言而喻,再生仪的本意是想把生命永远继续下去,这正是巫术本质的意识,还有柴册仪的思想是同一人死而又生的,这又是未开化心理上独特的关系法则[2]。关于这一点,我们可以追溯到辽代这个残余形式的过去,就很容易发现这个仪礼的古老传统和悠久起源。

可是当前的问题,还需要看清两姓参与咒术行事的实际情况,首先这应当从说明八部长者在柴册仪或再生仪中充当重要角色这一点开始。

---

[1] 见弗雷泽《金枝篇》(水桥卓介译)第三章。
[2] 关于未开入思维中的参与问题,当在第二编同图腾崇拜一起说明。

所设八部就是两姓之下各所属四部共为八个兄弟氏族的复合体。长者的角色,并不一定限于八部,各自都作为一个单位来参加。相反,基于两姓各自选出四名代表参加的见解,实际上,柴册仪①的中心活动代表外戚长者来参与的。这样解释可能恰如其分。要是这样的话,就不能不承认两姓都有执行巫术仪典的宗教机能。

这样,我们就可以指出,辽代社会的两姓机能是整齐婚姻、举行共同娱乐和执行巫术行事这三点。在机能这一方面,指出这些事实就容易从原则论上决定构成这个机能主体的社会集团的种类。与部族是政治的、氏族是司法的、家族是经济的这些原则上的机能相对。加上宗教和娱乐的特征,这只有胞族才能如此。但是,如从历史学的立场出发,以历史上某一特定种族为对象,把它的社会制度研究清楚,并认为这种特殊关心是很重要的话,那就不能不回避从原则论方面来判断。假如要想作出这种判断,那也应当预先弄清契丹共同社会过去是否有半族。何况上述宗教的、娱乐的机能,当未能脱出消极性论证的范围,那就更应当如此,基于这种考虑,可使程序更加完备,我暂时还要解释一下契丹婚姻制度的实际形态。因为两姓的社会机能,只有婚姻整齐这一点具有积极性论据。只有确实性进一步扩而大之,才是最后解决问题的唯一方法。

第四节　契丹婚姻形态与国舅族系谱

耶律、萧两姓以及作为其社会机能在前节所论证的是辽氏(倒不如也是辽代)婚姻整齐的事实,因此,已略看出契丹及婚姻形态

---

① 王易的《燕北录》所载柴册仪次序与此略有出入。

的真象。因为具体地说，耶律姓的成员是从萧姓成员中选择婚姻对象，决不求诸于同姓的耶律姓，在这方面，萧姓成员也完全如此，这就毫不含糊地不能不意味着典型的族外婚制度。可是，虽说这是族外婚，单靠这些决不能成为最后定论，本节的目的是仅就族外婚更进一步探讨其正确的形式。但是，正像我们所说，辽代的两姓是把全部契丹人一分为二的集团，可能会有人说，既然这样就不必再作探讨了。的确，这也是理所当然的说法。对于这个问题，已经有人指出：辽代契丹人原来的婚姻制度已经开始崩溃，就是说，并不严格地限定在耶律萧两姓之间，已有从渤海大氏扩展到汉族诸姓的倾向。① 为了说明这不过是微不足道的支节问题，更有必要将研究上述情况作为本节的目标。换言之，两姓作为族外婚单位虽被承认，但不仅此还不能可靠地证明，族外婚单位只限于两姓。我要说的就是这个意思。

关于契丹人的婚姻形态，不能只满足于所设族外婚这一点。进一步探索所应采取的手段也不是固定的。一个方法是把每个事实归纳起来作出结论，举出个别例外，论证其特异性，从而达到所期的目的。我所采用的方法则与此相反，就是依据某一特定的婚姻制度必然形成与此相应的婚姻组织这一原则，从契丹人的亲属组织特征来把握它的婚姻实态。为达到本节的目的，这也不失为一种有效的方法。

要想看到契丹人的亲属组织，求之于一般庶民阶级，完全近于缘木求鱼，只有从统治阶层着手，才有知其梗概的可能性。这是根据史料的情况才这样说的。关于这一点，《辽史》所述一例乃是论述国舅帐成立情况的好材料。即天显十年（935 年）丙戌太宗大诏，从广义的国舅族，即从一般的审密萧姓当中指定两个特定的父系

---

① 《关于契丹人与异族的婚姻》见前节附注。

家族,列为国舅帐,承认他们作为外戚宗族的特殊地位。规定国舅帐的内容,下列即制仍不失为足为窥见所设契丹亲属组织特征的恰当资料:

> 天显十年四月丙戌,皇太后父族及母前夫之族二帐竝为国舅。以萧缅思为尚父,领之。(《辽史·太宗本纪》)

这里是说天显十年当时被指定的外戚二宗族,不消说就是太宗母方和妻方的二宗族,更具体地说,不外是当时还健在的太祖淳钦皇后和太宗静安皇后所出的二个宗族。在这种情况下,所设"皇太后父族",从太宗方面来说,就是意味着母方宗族。与此相对,所设"皇后之母前夫之族",不言自明,即太祖淳钦皇后一族,称为"皇太后父族",是当然而又当然的事,妻方即太宗静安皇后一族,这也同样当然应称"皇后父族",但不用这个叫法而特别称"皇太后母前夫之族",究竟是何缘故? 解决这个问题,不但是当务之急,而且只有通过解决这个问题,才能触及契丹亲属组织的核心。

太宗生母淳钦皇后不言而喻,就是太祖的皇后月里朵,因出身于上述耶律氏,萧姓一支,又称述律皇后,其父名婆姑梅里,一名月椀,母为太祖的祖父即玄祖匀德实之女,从太祖来说,相当于他的姑母、伯叔母,而"淳钦皇后的父族"即月椀一族。换言之,就是皇太后同父同母兄弟及其子孙所组成的一族。这当然可以说是以父系结合的家族,正是相当于太宗的母方外戚宗族。剩下一个父系血缘集团的问题,就是"淳钦皇后之母的前夫之族",实际上这里疑问很多,把淳钦皇太后的"同母异父兄弟及其子孙"视为太宗妻方宗族的同义语,这究竟意味着什么呢? 见 37 页系谱图所示。

既称前夫之族,这位玄祖之女(淳钦皇太后的生母)则曾两嫁。第二嫁的丈夫应该是淳钦皇后的生父述律月椀,初嫁的婚姻对象究属何人,翻遍《辽史》曾无一谱道及。如果不把她初嫁的丈夫弄清,尽管说是一族,但很难找出其痕迹,即便追踪系谱获得成功,但

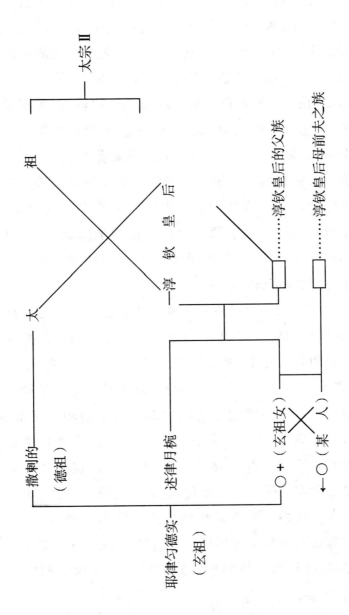

以此为据又能否解决太宗妻方宗族即所谓"淳钦皇太后母前夫之族"呢？我们不能期待依靠具体的历史事实来解决这个问题，以下依据一般理论，对于这个一见就令人产生奇异之感的亲族组织的成立，研究一下是以何种婚姻形态为先的问题。

就是说，在族外婚制度下成立的婚姻组织，可以根据参加缔婚的族外婚单位数，大体上能做基本的决定，其单位数限于两个或不限于两个，是有显著差异的。两个以上的婚姻单位互通婚姻，定会引起为适应这种婚姻的实施而制定的规章复杂化。若只限于两个单位则可完全避免。这些在亲族组织上反映出来的繁简之差，不能不说是很悬殊的。限于两个单位者称为半部族，两个以上单位者称为部和分部，对后者而言，前者特称二分体制。在一般族外婚制度中要说明其特殊性质。[①]

然而，淳钦皇后的"母前夫之族"，即太宗静安皇后一族的同义语，这种亲属组织对太宗说来，是把他的"父亲的父亲的姊妹之子（及其子孙）和妻的兄弟（及其子孙）视同一体，换言之，不能认为这个"姊妹之子（及其子孙）"和"妻的兄弟（及其子孙）"是同一亲族的成员的组织。现在的问题是这样的亲族组织是相当于部或分部，还是具有半部族（moietg），问题压缩到这一点来做出决定。到这个阶段才能开始急转直下解决问题，把自己姐妹的几辈和自己妻子的兄弟都包容在同一亲族集团，这正是所设二分体制的特征。

把契丹人的婚姻形态从单纯的族外婚制更推进一步，就到了可以断定为只限于两个外婚单位通婚的二分体制。迄今悬而未能解的耶律、萧两姓的性质问题，即可最后确定，这个形成半部族的两姓，不容置疑的是半族。

这样判断耶律、萧两姓，由于是契丹婚姻制度最根本的规定，

①　W·里韦斯：《社会体制》第二章。

将成为解明契丹史上种种新问题的原动力,特别是与婚姻制度直接有关的国舅族问题,这就能纠正《辽史》记载的误谬,并补充其不足。关于国舅族方面遗留的未决问题何止二三个,仅举其中重要的问题就有:(1)以淳钦皇后出自回鹘族问题;(2)述律氏即是收里氏的问题;(3)收里、乙室已二国舅帐的关系问题;(4)前述关于淳钦皇后前夫的问题;(5)世宗朝新设国舅别部问题,等等。以下仅就这些问题,作出一些解释。

首先是淳钦皇后出自回鹘说。《辽史·外戚表》和《后妃传》都一致如此记载。将回鹘人糯思为始至皇后五世的系谱列于如下,兹据《后妃传》:

糯思(回鹘)——魏宁——慎思——婆姑(月椀,《辽史·地理志》作容我梅里)——淳钦皇后

这种说法是无论如何也不能原封不动地接受的,在耶律、萧两个半族的二分体制所形成的契丹社会,太祖耶律阿保机之妻淳钦皇后姓萧是千真万确的。关于皇后的萧姓,《辽史·外戚表》也承认,这确实是有矛盾的。

契丹外戚,其先曰二审密氏,曰收里,曰乙室已。至辽太祖,娶述律氏。述律本回鹘糯思之后。……由是收里、乙室已、述律三族皆为萧姓。

不同部族和民族的回鹘人何以能在依旧是回鹘人的时候,加入萧姓—契丹人的成员行列呢?《辽史》曾为一个回鹘人孩里立传。此人在道宗朝位居宰相,他的一家自国初以来即归化辽国,历数世之久,尽管如此,当然仍旧既不属于耶律姓,也不属于萧姓(把其他氏族的成员收在自己氏族的"收养"原则是编入以后即完全成为本族的新成员,而不再属于原来的氏族。应当注意这一点)。孩里正处于部族制社会原貌已经消失一部分的辽代末叶尚且如此,涉及辽国建立前的淳钦皇后,当然就更有志焉。这大概是不会错

的。因此淳钦皇后出自回鹘说不足凭信已近于不言自明,然而,这样的荒谬又凭什么一直流传后世呢?为了说明这个来历,我在这里引用《元史·石抹也先传》(卷一百五十):

> 石抹也先者辽人也。其先尝从萧后,举族入突厥。及后还而族留,至辽为述律氏,号后族。辽亡,改述律氏为石抹氏……

从这里开始,萧姓一支称为述律氏的历史才能明白几分,同时也可推断淳钦皇后是回鹘人这一说法之误。《元史》记载的石抹也先毕竟是十三世纪初叶的事,与辽代已相去百年,何况还要追溯到石抹也先前几代的事迹。可以认为,由于时间距离太久,这条史料的可靠性也相对地显著减弱,但是,正如拉施特所说,尊重自己的系谱,把它像珍珠似的传给子孙。把它当做《可兰经》一样看待,不仅阿拉伯人和蒙古人,而且生活在部族社会中的每个人都是这样。这不只是为了夸耀门庭,或追慕祖先,而且是现实生活要求具有这样的必须知识(否则,不但婚姻不可能,即放牧也有困难)。因此,关于石抹也先祖先的传说,尽管是相隔几个世纪的遗闻,不一定都是无稽之谈,何况所述故事有些似还有相应的历史事实。这就更不能漠然视之。《资治通鉴》卷二〇五中说:

> 万岁通天元年(690年)终十月辛卯,契丹李尽忠卒,孙万荣带领其众,突厥默啜乘袭松漠,虏尽忠、万荣妻子而去……

武则天后末年,正当契丹图谋叛唐的时候,突厥默啜可汗在唐朝唆使下袭击契丹之背。当时契丹首领李尽忠、孙万荣的妻子均被虏往突厥帝国。远在几个世纪以前被俘到突厥帝国(不是回鹘帝国的一部分契丹人,长期留在突厥,到回鹘帝国取代突厥帝国而改朝换代的时候,他们就被放回故土。其中,一小部分是审密系的收里氏,当然就是述律氏①历经许多岁月,后来不知从何时开始,就被误为出自突厥族,最终又与回鹘族混为一谈。述律氏当然是萧姓,因此却产生了被误为回鹘族的矛盾。这对说明淳钦皇后的系谱也可以适用。这个推测并不是靠不住的猜测,而是有证据的:上述石抹也先在《元史》中明言为契丹人也曾同样被误为出自突厥(他与淳钦皇后不同,不是被误认为出自回鹘,而是被误认为出自突厥。例如,至元(1264—1294 年)末年,胡祗遹撰《舒穆噜氏神道碑》是根据石抹也先的曾孙石抹良辅所作的《行状》,这个《神道碑》是这样记述的:

> 公胜舒穆噜氏,小字额森,其先特尔格人。仕辽世为大官。兵乱谱牒废,世次莫能考……(《紫山大全集》卷十六)

我们知道,《紫山集》(三恰堂丛书本)经过乾隆的改译,把石抹改译为舒穆噜,也先改为额森,突厥改为特尔格。但无论怎么说,应当看到,这是由于他的祖先过去曾没于突厥帝国,因此才产生出自突厥说之误。《元史》列传依据的资料就未见这样的谬说。《舒穆噜氏神道碑》是至元末年撰写的。换言之,就是传到他的曾孙石抹良辅的时候,竟会变成那样的,当然是因为年深日久,他的子孙已经完全脱离了部族社会,这是主要的潜在原因。石抹良辅是元

① 据《辽史·营卫志》,当契丹中兴之主阻午可汗收拾契丹残部的时候,其中即有所谓审密半族——收里和乙室已二氏族,此乙室已二氏族。《唐书》作乙室革部,《五代史记》作乙室活部,《汉文祖实录》作乙失活部,《辽史》作乙室部。收里是契丹人留传下来的术语,只见于《辽史》,但如否定唐代有收里,当然是轻率的。尽管用字不同,收里似乎相当于《唐书》中失活(中古汉语音 sǐĕt ruat 曲江集作蜀活)。(中古汉世音文 zǐwok ruat),《五代史记》作术括,《册府元龟》作绣骨和蜀括,《汉文祖实录》作实活等等。因为所设收里照上述种种写法似为与 sǔo 相类似的音,附以集合名词译尾 tik 形,而构成(šuo)—tik,其意即"失活氏集团",从历史事来实说,这是最有说服力的见解。关于这一点,当在第三编详论。

　　收里氏族和乙室已氏族都是阻午可汗析为两个氏族的。前者分成为涅剌和乌隗,后者分为乙室和褚特。在阻午可汗以前没入于突厥帝国的收里氏成员,并未经过这样划分,他们回归故国还同从前一样。因此,既不属于涅剌氏,也不属于乌隗氏,而依然称为"失活氏人"(šuo)—Liku〔t〕即述律氏 shu—lu 这是没有错的。述律氏见于《册府元龟》(九九九页)相当于后唐末年的清泰元年记事,并少涉及。若不是这样理解,无论如何不能说明这个问题。

朝的黑军总管,在官僚群中有相当地位。在此他更晚一辈。身居贰职,而钻研朱学,已经完全变为中国人的石抹继祖(也先的玄孙——良辅三男)的《神道碑》中,关于其出身则更以讹传讹,不管是故意或是偶然,此碑即黄缙撰《沿海上副万户石抹公(继祖)神道碑》是依据石抹继祖的门人潘倬所作的《行状》。

> 其先出于梁萧氏,隋萧后以族入突厥。后归唐而其族留突厥。至辽为述律氏,任辽多至显官。金灭辽,改命为石抹氏。(《金华黄先生文集》卷二七)

此谓石抹也先系统,是出自南朝梁明帝之女、炀帝正后萧氏一族。借鉴石抹也先的例子,就能一眼看出所设淳钦皇后出自回鹘说的不合理和荒谬。在脱离部族制社会的辽代一部分契丹人之间,很有可能出现这种情况,那是可以理解的。的确,已经忘记半族本义的两姓,这样靠不住的起源说等弄假成真地流传下来,或者说,有些契丹人①把自己所属的氏族都忘得一干二净了。这应当说是辽代中末期契丹在社会实况的具体反映。

关于国舅族的第一疑问,我们就这样订正。其次是第二个问题,即耶律氏等于收里氏的问题,已在本书第一论第一章第二节补注以及本节补注四加以说明,此处从略。接着是第三个问题,即收里、乙室已两国舅帐的关系问题,下文将以讨论。

就收里、乙室已两国舅帐的关系而言,所设两国舅帐是指以大父房、少父房组成的收里氏谱系的外戚宗族以及分为大翁帐、小翁

---

① 例如耶律喜孙在《辽史·耶律喜孙传》(卷九七)中说:"耶律喜孙,字盈隐,永兴宫分人。兴宗在青宫,尝屠左右辅导……帝以喜孙有翼戴功,且悼其子罪死,欲世其官,喜孙无所出之部,因见马印文,有品部号,使隶其部,拜南府宰相。"

在这里,耶律喜孙出身于宫分人这一点,自应引起特别注意(宫分人多有丧失姓名的可能性,如在第一节所述),他现在还未丧失半族的名称。他已经忘却氏族这一事实和一度为富分人出身的特殊情况,应当区别开来给予评价。毕竟不能认为氏族正在逐渐减少其意义,至少在契丹官僚中是这样。

帐的乙室已氏系的外戚宗族,根据《辽史·外戚表》(卷六七)记载:

> 契丹外戚,其先曰二审密氏,曰收里,曰乙室已。至辽太
> 祖娶述律氏。……由是收里、乙室已、述律三族皆为萧姓。收
> 里二房,曰大父、少父。乙室已亦二房,曰大翁、小翁。世宗以
> 舅氏塔剌葛为国舅别部。三族世预北宰相之选。自太祖神册
> 二年命阿骨只始也。圣宗合收里,乙室已二国舅帐为一,与别
> 部为二。此辽外戚之始末也。

这样国舅帐的组成是收里氏大、少父房,乙室已氏大、小翁帐,
再加上述律氏系的国舅别部,共三帐。《辽史·百官志》(卷四五)
新载国舅司记事,初看之下似是支持上述说法:

> 大国舅司,掌国舅乙室已、收里二帐之事。太宗天显十
> 年,合皇太后二帐为国舅司。圣宗开泰三年,又并乙室已、收
> 里二司为一帐。……国舅别部,世宗置。

这就是说,天显十年先设收里氏亲、乙室已氏二国舅帐,继在世宗
朝又新设述律氏的国舅别部,加在一起共为三帐。圣宗开泰三年
的省并,收里、乙室已为一帐,与述律氏的别部共为二帐,只能是这
样理解。但是,《外戚表》的说明和《百官志》的解释,决没有把国舅
帐的真正沿革说清,桥口兼夫学士曾详细考据[1],他的结论是:"天
显十年所设的国舅帐系收里氏的大、少父房。世宗朝所设的国舅
别部则是乙室已氏的大、小二翁帐。"这个主张是综合《辽史》列传、
志、表所见各种零散而得出的结论,具有不可动摇的确实性。上述
《外戚表》的错误。是未能识破我反复指出的收里氏即述律氏这事
实所产生的,可认为收里即述律。再看上述《外戚表》,就很容易地
正确理解。对《百官志》作如下解释,才是正确的(圣宗开泰五年,
改组国舅帐所设的)。大国舅司是执掌乙室已系国舅帐(国舅别

---

① 桥口兼夫:《关于辽代的国舅帐》(《史学杂志》五十卷 2、3 号)。

部)和收里系国舅帐(旧国舅司)事务的官府,以后也一直未变(见其起源和沿革)。其始即太宗天显十年(淳钦皇太后此属外戚二族收里系大、少父房),设国舅司,此后在世宗朝又设国舅别部(乙室已系大、小翁帐),圣宗开泰三年把二者合并,重编国舅帐,从而出现了对收里、乙室已两个国舅帐加以一元化管理的大国舅司。

收里和乙室已的关系,按照桥口学士的正确考证,完全可以说明,太宗天显十年所设国舅二帐,并不是收里、乙室已两国舅帐,是收里系的大、少两父房。世宗朝所设国舅别部,则是乙室已国舅帐,但是,不要忘记,这只是解决了国舅帐问题的一半。因为,明确了收里和乙室已两国舅帐的关系,并不能解决具体到收里系大父房和少父房的相互关系问题。尤其是关于这一点在不完整的《外戚表》中还有所谓大父房是萧敌鲁、萧思温,少父房是萧阿吉、萧宝鲁这样的分类。这的确触及到大少父房的具体内容,不能不视为解决问题的重要线索。但仅有此一点,还不能最后解决问题。因此,我们在这里又提出一个问题,淳钦皇太后同父同母兄弟的一族,哪个是相当于大父房,哪个是相当于少父房。不言而喻,若在作出这两个系统的详细系谱,要彻底解决这个问题,是不可能的。因此,我不厌其烦地引用《辽史》的片断记载,先从探讨淳钦皇太后近亲的相互关系着手。

从这种见解出发,蒐集首先是《韩知古传》和《后妃传》中关于太后兄弟萧欲稳、萧室鲁的材料以及《国语解》中关于太后兄之子萧翰的材料。根据萧翰为太后兄之子这一点,得知太后的兄弟即萧斡之父萧敌鲁(《辽史·萧翰传》卷一二三)和萧敌鲁之弟萧阿古(《辽史·萧敌鲁传》卷七三),还有族弟萧忽没里(《辽史·萧思温传》卷七八)等。大体上凑齐的这些太后的兄弟,萧室鲁和萧敌鲁二人,还有重大疑问。据《后妃传》萧室鲁为太宗静安皇后之父。但是,《国语解》、《五代史记》(卷七二)和《契丹国志》(卷十三),都说太宗皇后之兄是萧翰,也就是说萧敌鲁是静安皇后之父。从前厉鹗的《辽史拾遗》(卷十七、卷十九)就曾指出这一点,现在桥口学士也提出了萧敌鲁和萧室鲁是同一个人的说法,当以此据。可将淳钦皇后的兄弟关系大致列出下列系谱:

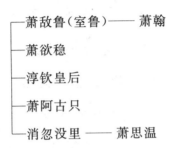

对于国舅帐谱,我和桥口学士的见解并无多大出入。但从这一阶段开始,我们就有根本分歧。在我看来,问题的核心所在是,如果认为已经作出上列系谱就安于现状,不再进一步探讨,那是完全不合乎情理的。也就是说桥口学士把萧敌鲁(室鲁)、淳钦皇太后、萧阿古只、萧忽没里等一律都看作述律月椀子女,即便明确划分大父房是敌鲁一族,少父房是阿古只一族,但是对于"太后的父族"(同父同母的子孙)和"太后母前夫之族(异父同母子孙)同样大少房对待的理由,都是永远不能解释的一个谜。可见上述分析是不十分周到的。桥口学士提出把萧敌鲁以下几人一律都列为述律月椀诸子,是错误的。他们之间的所设兄弟关系,当然不是从父亲而是从母亲考虑的。对于同母而不一定同父的兄弟,有必要找出他们的父系血统加以分析和识别。

如前所述,天显十年,太宗指定所设"淳钦皇太后的父族"和所谓"淳钦皇太后母前夫之族"。这两个外戚宗族为国舅帐。按照当时的实际情况,有资格称为外戚宗族者只能是母方宗族和妻方宗族。所设母方宗族(淳钦皇太后的宗族),不言而喻,是相当于上述定义的第一类关系。从这一点,所设妻方宗族(太宗静安皇后的宗族)必然相当于上述定义的第二类(C)。据《后妃传》静安皇后之父确实是萧室鲁即萧敌鲁(B),据《外戚表》,萧敌鲁不能不是大父房(A)。运用这个论理,可将第一表所见的必然关系,从左向右次递

第一表

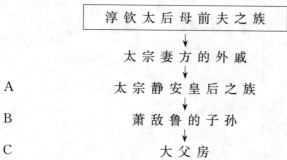

A

B

C

展开。玄祖之女(淳钦皇太后之母)与其第一位丈夫所生诸子当然比与其第二位丈夫所生诸子更年长,这是清楚的,那么,他们这一族不是少父房而是大父房。从这一点也可看出第一表有相当大的可靠性。在淳钦皇后的诸兄弟当中,其兄(非如《后妃传》和《萧敌鲁传》所说为其弟)萧敌鲁确实是她的同母异父兄弟,在这方面,还有一个积极的证据,《辽史·萧敌鲁传》(卷七三)说:

> 萧敌鲁,字敌辇,其母为祖德女弟,而淳钦皇后又其女兄也……五世祖曰胡母里,遥辇氏唐时尝使。唐留之幽州,一夕析关遁归国……。

此言彼为太后之弟。这当然应从《国语解》订正为兄。最主要的是在此举出了所设五世祖胡母里这个人物与前述淳钦皇太后五世祖糯思,各称不同,事迹亦异,显然是另外一个人。

萧胡母里——□——□——□——敌鲁(《萧敌鲁传》)

述律糯思——魏宁——慎思——月椀——淳钦皇后(《太妃传》)

虽说是兄妹,从其五世祖不同来说,不言而喻,当然是异父兄妹,也间接说明了他们的共同母亲是玄祖之女,他们是两嫁所生的

子女,这便证实了,据此再列出少父房即得出第二表,就可明确收里国舅帐大少父房的详细内容。即从太宗说起,其妻父为萧敌鲁(太宗静安皇后之父),就是玄祖之女初嫁的审密半族收里氏某某之子,与此相对,太宗母舅萧阿古只(太祖淳钦皇后的兄弟)又是玄祖之女与再嫁夫审密半族的述律月椀之间所生之女,因此这一对同母异父兄弟敌鲁和阿古只,在排行上有长初之别,虽然同是太宗之舅,在称呼上应有大舅父、少舅父之分。便其族各自称为收里,国舅帐大〔舅〕父房、少〔舅〕父房的原因(属于述律氏的外戚宗族成为收里氏国舅帐,述律与收里是同音异译,当无可疑①)。弄清了收里国舅帐大、少父房的详细情况,在此基础上,来探讨乙室已国舅帐大、小翁帐的真相,即所设世宗朝新设的国舅别部。这是他母方半族的乙室已氏外戚宗族,这能一无遗漏地清楚解释契丹国舅族的全貌。所设的契丹国舅族系图即集其大成。

　　第二表

```
┌─────────────────────────┐
│   淳 钦 太 后 之 父 之 族   │
└─────────────────────────┘
              ↓
   太 宗 母 方 的 外 戚
              ↓
   太 祖 淳 钦 皇 后 之 族
              ↓
 玄 祖 之 女 与 再 嫁 夫 所 生 诸 子
              ↓
   比 前 夫 诸 子 (敌 鲁) 年 少 者
              ↓
         少 父 房
              ↓
     萧 阿 古 只 的 子 孙
```

----

① 桥口学士认为,述律氏的外戚宗族,既然是大少父房,当然应称为述律国舅帐。虽然不应称为拔里国舅帐,可是拔里是存在的空架,他以收里为正,而以拔里为误这一点,可能未加注意,我们无论如何很难同意他的论点,因为述律氏外戚称为收里国舅帐,所以收里即述律。

以上我们探讨了契丹婚姻制的特征,及其亲族组织的特殊性,并据此最后论证了耶律、萧两姓不能不是半族。这个论断若幸而不失正鹄,则可一举解决以往关于国舅族的各种悬案并可描出大半契丹部族社会基础图。在耶律、萧两个半族结合为半部部族建立的部族社会中,于此二分体制之下,什么社会集团用什么形式存在下来呢?最主要的是所谓原始社会集团的氏族集团,其与上述半族又是用什么关系结合起来的?这些问题,当在下章论述。

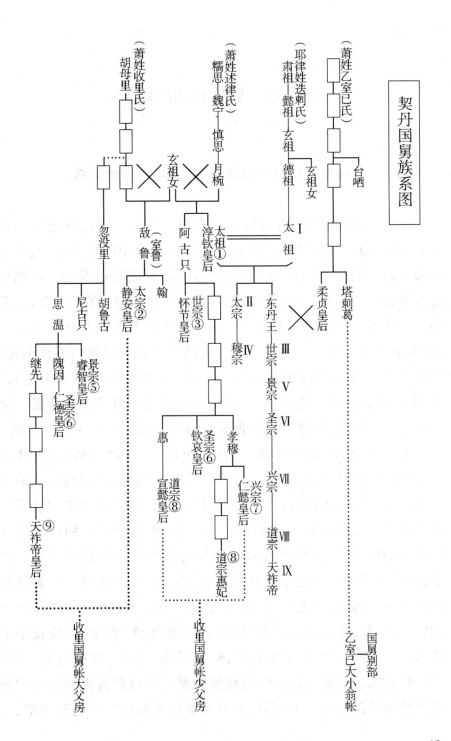

契丹国舅族系图

第二章　契丹八部的构造

第一节　契丹八部与耶律、萧两半族的关系

众所周知,契丹族据说原由八个分支组成。自唐初七世纪以来,契丹即以大贺氏八部而著称。此后便成为中国史的普遍说法。把那个时代的契丹族局限于大贺氏八部,当然是错误的。八部契丹也许是某一时代的具体情况,如视为一成不变,自无待言,也是违反历史发展规律的。契丹人传说的大贺氏部因在年代久远的古代,对此姑置不论。仅就契丹人传说的时代自中晚唐到五代来说,所设八部契丹即设遥辇氏八部,如中国史书中出现在唐末五代。考虑上述情况,如不先作细密地推敲,不能无条件地立即接受。文章以"契丹八部的构造"为题,便是以这样的缜密推敲为出发点的。

中国史籍《汉高祖实录》、《五代史记》、《东都事略》、《五代会要》所设的遥辇氏八部是否就是当时的实际情况,不用说这应取决于能否符会契丹人的传说。幸而《辽史·营卫志》中详细记载了与那个时代相当的太祖二十部,其中记载这位契丹帝国的缔造者征服其他种族所俘获的"增置八部",还有将原有的旧部多少加以改革的"分置十部",就连前章详论的收里和乙室已这两个国舅帐也包括在内。因此,与所设遥辇氏八部有关者不消说只有"分置十部"可供比较,我们不能不先从探讨"分置十部"着手,以便找出上述八部。所谓分置十部即五院部、六院部、品部、突不吕部、突举部、楮特部、乙室部、涅剌部、乌槐部和奚部。可是首先要把与契丹族异类的奚部排除在外,再把太祖分割迭剌部而产生的五院部、六

院部(因其历史短浅)而复原为一部,就得出八部。此契丹八部的构成,存在于辽国创造以前,唐末五代时期的实际情况是这样,这是毋庸置疑的。不过对于这个问题,也不能说完全没有异议,总会有人指出或已经有人指出"契丹人传说,阻午可汗就有二十部"这样的疑问,如果这是事实,契丹共同体的年代就更为久远,就不会是八部,而是二十部所组成。但在事实上,此所谓阻午可汗二十部完全缺少历史事实为证。

这是《辽史·兵卫志》关于阻午可汗二十部的基本说明:

> 至唐大贺氏,胜兵四万三千人,分为八部,大贺氏中衰,仅存五部。有耶律雅里者,分五部为八,立二府以总之。析三耶律氏为七,二审密氏为五,凡二十部……

但是,这个记载显示出一片混乱,在八部大贺氏崩溃以后,残存下来的也不过是耶律半族的三部和审密半族的二部,把这五部纠合在一起,重新再建契丹族。关于这个再建问题,《兵卫志》一方面说"分五部为八",另一方面又说"析三耶律氏为七,二审密氏为五,凡二十部"。这当然是很明显的矛盾。如果作为一种异说而流传下来,那就无关紧要,情犹可原。可是《营卫志》把这两种说法混淆在一起,举出阻午可汗有二十部,那就又当别论。具体到《营卫志》的说法混乱就更为甚焉。这里是一面采用三耶律、二审密析为十二部的说法,同时又把前述崩溃的大贺氏八部也加算在内,呈现出凑足二十部之数的纷乱状态:

> 涅里相阻午可汗,分耶律为七,二审密为五,并前八部为二寸部。

因此,我们探索阻午可汗二十部的问题,就得到分八部和分十二部这两种说法上来。

可是,把"八部说"和"十二部说"比较,前者则有相应的具体内容,而后者则否。指出发音这一致命的缺陷,也就足够了,所设的具体内容，即《营卫志》不是为"八部说"，而实际是二十部提供说明，所列举的部名：迭剌部、乙室部、品部、楮特部、乌隗部、突吕不部、涅剌部、突举部、右大部、左大部等。照《营卫志》的说法，上列十部再加大贺氏八部，仍不满二十部之数。所不足二部，则以"逸其名"一词掩饰。要之，这就证明契丹人的传说，除此之外，再也没有留下任何东西。这个"八部分析"说虽说是具体内容，可是，还可能提出"不是八个而是十个"这样的反问。据《兵卫志》记载，完成八部编制以后，"立二府以点之"这才是有力的回答。迭剌等八个契丹固有的名词当中，不包括右大部、左大部这两个名称，从意义上来说，这样解释是比较确切的。要是这样的话，所设阻午可汗二十部，实际上也不过是与辽国创建以前的迭剌部等八部具有完全相同的构成内容。这里总称二十部，不外是后世成为历史事实的太祖二十部对于过去投下的一种阴影。

这样，根据中国史书比较确切的记载，契丹人传说所能及的时代，应该说是中晚唐五代时期。可以确认，这时契丹种族的八部编制并未崩溃。现在再来谈谈耶律、萧两姓和八部之间的关系这一更为重要的问题。因为契丹族作为八部契丹分为八个内部单位的同时，还要按照耶律、萧两姓截然划分，此两姓与八部之间，当然有不可避免的相互关系。

不过，在探索这种关系尚未达到最后的决定以前，不能不指出本身就是很清楚的也是唯一的统属关系，反过来说就是包容关系。毕竟上述两者——两姓与八部——作为社会集团的立场各有不同，更简明地说，集团的规模等于集团本身上不能不存在大小之差，把全部契丹人二分的两姓，和把同样的对象八分的八部比较起来，肯定是上位集团，是较大的集团。从而前者把后者作为构成分子应当包容在内。对此，也许不可能再有不同的论点，这样说，实际上提出的正与此相反的主张，同时也考虑到最近出现的一些结果,为了无论如何也不能允许这种反面主张提出了这样的预告。所设的这种主张,就是卫特夫博士近著中出现的①。因为博士已经下了耶律、萧两姓是氏族(clan),迭剌部以下八部是部族(tribe)的定义。对于八部族中只有二氏族这样一个极为特殊的社会体制,博士也实在是抱着不自然之感。他之所以云然,极力归咎于游牧生活,说什么因为逐水草而移动的游牧民,维护氏族的困难性,几乎近于不可能,决不能简单地作出定论。在这里很可能被提出,在亚洲有代表性的游牧蒙古族——要特别强调契丹族也是属于蒙古人种的这一点——又是怎样一种情况呢? 这样的反问②,特别是具体到这个部族结合体的契丹族时,早已不是什么部族,当然不能不属于民族(race volk)的范畴。如果是这样的话,对于已经超越氏族、部族而扩大到民族范围的这一事态,——品部族、迭剌部族、突举、突吕不部族属于耶律族成员,乙室部族、楮特部族都属于耶律族成员,乙室部族、楮特部族、涅剌、乌隗部族等均为审密氏族的成员——又将如何确释呢? 我想博士这样主张,一定会有理所当然的根据,这个缘由,应求诸于给博士提供英译《辽史》资料的冯家昇氏的误解。说起来是中国史籍的通病,往往忽视概念上严谨的准则,自由地罗列一些名词术语,对此不加任何批判,只是机械地从事翻译,从这里产生的谬误是难以想象的。博士著述所载的译文,把原著中的"部"一律都译为 tibe,对于姓或氏则译为 clan,这就是很好的证据。《辽史》英译本的缺陷,姑且不论,但也无从掩饰卫特夫博士对于两姓以及八部的误解。下面再谈到两姓的具体的相互关系,从而使这问题能得到进一步明确。

　　如前所述,两姓是位于八部之上的两个较大的集团,从而两姓被八部的一部分所分割,不能不各自隶属其有关的一部。可是在

① 卫特夫,第七部分 203 页。
② 符拉基米尔佐夫:《蒙古社会制度史》第一章第二节。

这个时候,关于八部的隶属方法并无任何规定。各个八部能否随时变更其所属? 即使不许可这样的流动性,两姓对于八部的支配分野,是否相互之间采取一种均势? 关于这些,也许在其间立有一种法则。还有,不论两姓或八部,也可能保持着左右均衡的一种协调关系。这样考虑问题,当未能超出想象领域的一部。如想把这个想象变为现实时,当然要依据个别的历史事实予以证实。这样,我们就不能简单地放弃烦琐程度。以《辽史》为主,调查记载中的只限于个人所属的两姓和八部,把得到的结果归纳起来,借以弄清两姓与八部之间所联系的隶属法则,这也是应当考虑的。现在把这个结果加以整理,其概略如下表(见 55 页表)所示。即就图表来看,在同一部中跨姓的只有迭剌、突吕不部、乙室三部,其他五部都限于一姓。跨两姓的三部之中的迭剌和乙室,前者以耶律姓,后者则以萧姓占多数,只有很少例外。在诞生辽王室的同时,在辽代应称为耶律姓中心的迭剌部和以国舅族为主体代表的萧姓乙室部里面,还能看到这样的误差。这一点是非常引人注意的,不管是由于删简之误,或由于当时的部、姓的混乱所造成的。无论怎么说,不能不认为在某种程度上是文献不完备的佐证。现在继续解决突吕不部归属的时候,和这个问题有连带关系,如图表所显示的那样,这个突吕不部属于两姓的任何一方的可能性都在伯仲之间,这样说,例外的只能把这个部作为两姓所共有,可是从其他七部的形势来看,又不许可,这就必然要否定任何一方,此时,正是有必要认识文献所具有正确性的界限,当决定突吕不部归属之际,如果许可二者择一取舍的话,应该采取哪一方面要做出决断。就是说,如在次节中说明的那样,突举、突吕不二部原为同一集团,后析为别部成为兄弟集团,从这一点来看,当然与突举部应该是同一归属,所断定的不是萧姓,应隶属于耶律姓。

涅剌部	乌槐部	楮特部	乙室部	突吕不部	突举部	品部	迭剌部	
			1人 耶律撒合（八五）	3人 耶律欲稳（七三） 同鲜里（七六） 同胡吕（九八）	1人 耶律谐理（八五）	2人 耶律引吉（九七） 同喜孙（同）	103人以下 耶律曷鲁（七三）	耶律姓
1人 萧韩家奴（一〇三）	1人 萧阿鲁（九四）	3人 萧特（九六） 同惟信（八六） 图古辞国（一一一）	40人以下 萧敌鲁（七三）	3人 萧合卓（八一） 同速撒（九九） 同陶苏斡（一〇一）			6人以下 消痕笃（七四）	萧姓

论述两姓与八部关系，因此我们就可以发现它们之间建有完整的统属关系，迭剌、品、突举、突吕不这四部是隶属于耶律姓，附随萧姓者则为乙室、楮特、涅剌、乌隗四部，而且这并不是单纯的一种隶属，这些四部，各自属于两姓上位集团的同时，并总辖于左大部、右大部，右大部①所设"二府"之下，也就是形成了一种政治上的

① 右大部、左大部这与耶律、审密任何一方相对应的问题，尚未发现确证，在《辽史》中找不到决定左大部的资料，关于右大部，见于《地理志》的有下列两段记载，其一在"仪坤州"："仪坤州启圣军节度，本契丹右大部也……据冈村博士《辽宋的交通网与辽国的经济发达》（《满蒙史论丛》二）一文中说，辽代的仪坤州，可以假想在热河省赤峰附近。对此，"祖州"条内，又有："祖州天成军上节度，本辽右八部世没里地……以高祖昭烈皇帝，曾祖庄敬皇帝，祖考简献皇帝，皇考宣简皇帝所生

统合体。

第二节　作为兄弟氏族复合体的契丹八部

耶律、萧这两个胞族,它们不但是族外婚单位,而且互相形成为半部族(moeity),还要二分迭剌部以下的八部置于其隶属之下。我们便进入了决定这个八部性质的阶段。不过,因为构成胞族的下层单位是八部,因此,大体上不可能脱离氏族这一条线。基于这种预测,再追究八部的本体。纵然是氏族,是否纯粹是古典式的氏族呢? 这就是本节探讨的课题。

关于契丹八部的传述,它是从契丹固有的发生的社会集团开始,经过长期的部族制时代,世世代代流传下来一部分——尽管是少数——《辽史·营卫志》中有此记载,当我们单独地弄清八部性质的时候,这个《营卫志》记载,不能不说是唯一宝贵的资料,虽然它简略,但是我们在这里面所看到一些乌隗、涅剌以及突吕不、突举等四部的始祖事迹,也不能等闲视之。

> 乌隗部,其先曰撒里卜,与其兄涅勒同营。阻午可汗析为二,撒里卜为乌隗部,涅勒为涅剌部。

乌隗部与涅剌部过去是同一集团,由于阻午可汗的析分,在涅勒、撒里卜兄弟名义下,改编为另一个集团。这个故事在突举、突吕不二部说来也是同样,只不过是塔古里、航斡兄弟替换了涅剌、撒里卜兄弟的地位而已。

之地故名……"的记载,估计在旧兴安省林东西南的一块地方。这个"祖州"条中的右八部是右八部之误的话,正是以迭剌部为中心五代时的左大部,这就不难看做为耶律胞族里的政治中枢。特别是左大部,右大部的这个建制,是契丹族向东方移动以后阻午可汗所设,因而潢水,土河领域相当于这个时候契丹族根据地。据冈村博士《唐代的契丹族》(《满蒙论丛》一)一文中说,赤峰,林东一带,确实相当于这个右大部西方。少量资料所限,这些推定当然很不周详,在找到积极的反证以前,大体上把右大部定为耶律胞族,从而以左大部定为萧胞族。

突吕不部,其先曰塔古里。领三营,阻午可汗命分其一,
与弟航斡为突举部。塔古里得其二,更为突吕不部。

叙述中的兄弟分营,新命名的新设集团,由其兄管辖,相对的乃弟
仍袭用原来旧集团的名义,同这样形式有共同点的是——在突吕
不部,兄塔古里是作为"更为突吕不部"的情况,已被肯定,关于涅
剌部则未明言。这个集团名,按照蒙古习惯法幼子继承的出现,从
与其始祖涅勒有关的这一点就能下同样的判断。这种特点在下面
谈到乙室部分析问题时,还要谈到。我们通过始祖的故事,从中可
以摘出两种特征:

第一,某一集团的分裂,在兄弟析分时才能谈到。

第二,尽管彼此都采用了不同集团的名称,各有他们的始祖,
换言之,形式上完全成为另一个集团,但是像突吕不、突举部属于
耶律胞族,乌隗、涅剌部属于审密胞族那样,依旧都留在外婚单位
之内。

接触到随着突举部、乌隗部的分裂而认定这两种有特征的事
项时,我们就能想起以氏族的分裂而结成同朋集团的过程,这决不
会是不妥当的。氏族由于成员的增多,姻亲上的必要及其他各种
理由,往往本身就要发生分裂。这种分裂的结果,各个集团作为新
的氏族而各自形成外婚单位,它们之间从未经过结为通婚关系的
一系列途径,只是促其结成兄弟氏族等于同朋集团的时候,从这里
所产生的特征现象,就完全不能超出上述两种情况一步,所以关于
契丹八部的性质,以彼一事为依据,正可以下决定性的氏族这个定
义。这样的定义,对于耶律、萧两姓胞族这样既成事实,也可能是
极其适合的。

由于兄弟氏族的分裂而成立的所设遥辇氏八部,是阻午可汗
为重新整编残余的契丹人而采取的措施,耶律胞族系的氏族和审
密胞族系的二氏族——所设三耶律、二审密——的结果是,前者的

迭剌、品、突举、突吕不四氏族集团,后者是乙室、楮特、乌隗、涅剌等同样四氏族集团,这都经过了改编,因而作为蒙受分裂的部,则应当举出除上述突举、突吕不、乌隗、涅剌等外,还有乙室部和楮特部,相反的就容易看出只有迭剌部和品部未遭分裂,品部的情况如下:

> 品部,其先曰挐女,阻午可汗以其营为部。

并未流下来分裂的事实。迭剌部也有:

> 迭剌部,其先曰益古,阻午可汗时,与弟撒里本领之,曰迭剌部。

关于他们的记载,仅流传着兄弟共同管理的事实,关于乙室部又怎样呢? 其分裂情况有如下的传述:

> 乙室部,其先曰撒里本,阻午可汗之世,与其兄益古分营领之,曰乙室部。

在撒里本兄弟分营以后的结果是,弟撒里本保留了原氏族名称为乙室部——这一点,与撒里卜的乌隗部、航斡的突举部同出一辙。应注意,由其兄统辖的新设兄弟氏旅,正是称为楮特这一新名的集团。关于该楮特部有下列记载:

> 楮特部,其先曰洼,阻午可汗以其营为部。

以往虽无被析分的传说,但在表面上不能不那样解释。就是说,称为楮特部始祖的是洼这一人物,相当于遥辇氏契丹的初代可汗即遥辇洼可汗其人,他脱离了唐王朝的羁绊,成为独立契丹指导者的象征。他是最初用可汗称号的人。对此,在第三编中再做详述。在阻午可汗析分为乙室部的时候,他不能成为始祖人物。

像楮特部那样,在其析分当时已失其始祖名的这一情况,是同迭剌部、乙室部始祖传说的纠缠、混淆有着不可分的关系。对于益古、撒里本兄弟,一方面说他们是迭剌部的共同管理者,另一方面又把它说成是乙室、〔楮特〕两部的始祖,这里再加上《国语解》说明，令人更加费解：

> 大迭烈府，即迭剌部之府也。初阻午可汗与其弟撒里本
> 领之。

在这里阻午可汗和撒里本成为兄弟，并且共同管理迭剌部，我们面对着这三种互相抵触的记载，假定不能发现考订这一问题的其他资料时，是否就得不出结论呢？实际上并不如此。无论如何，益古和撒里本是作为整个的始祖流传下来的，从这里就可以揭开校正全体的序幕。从而撒里本不是与益古而是与阻午可汗建立兄弟关系，不是管理迭剌部而是乙室部。就是说，弟之撒里本承袭了旧有的乙室部，兄之阻午可汗统辖分裂出来的楮特部，这一点与在考察契丹族发展历史的第三编中谈到的阻午可汗出身的结论，不期而然地取得一致，这决不是偶然的。对于在前面已讲到的《国语解》以下互有出入的三种记载，按照舍弃一半、保存一半的办法，就使这些事项全面地融汇贯通。是与迭剌部始祖益古共同管理迭剌部相当于其兄这一人物，仍付阙如。不过，可以对此补充。契丹人传说中，除迭剌部始祖益古外，还有扶翼阻午可汗促成大业，并亲自统率迭剌部而"成为别部"的雅里这个人物，①他是毫无异议的补充者：

> ……辽始祖涅里立迪辇祖里为阻午可汗。时契丹因〔孙〕万荣之败，部落凋散，即故有族众，分为八部，涅里所统迭剌部自为别部，不与其列，并遥辇迭剌亦十部也。（《辽史·营卫志》卷三二）

如前所述，它是以二审密、三耶律为母体，分别改编为八个氏

---

① 对于同一人物，在字面上有涅里、雅里这二种不同的写法，当然这是编纂《辽史》时的疏漏所招致的结果。史书上有这样的记载，"……耶律俨辽史书为涅里，陈大任书为雅里。"（《辽史·世表》卷一三）从这个世表的记载可以看出，涅里是耶律俨《皇朝实录》中的写法，雅里则在陈大任的《辽史》中到处出现，这是很宝贵的。因为据这种写法上的差别，才能在辽末著述与金中期著述之间进行比较，从而使这个批判标准更加严格化。

族集团,这样就构成了八个契丹。当再改编的时候,被分开的只能举出六部:突举、突吕不、乌隗、涅剌、乙室、楮特,未被分裂的仅有迭剌、品二部。这里,在未被分裂的二部之中,迭剌部拥有六营为最大的一个集团,虽然未被分裂,但仍拥戴雅里、益古这二位支配者。面对这一事实,前面所引的《营卫志》后段:

> 涅里(雅里)所统迭剌部自为别部。

这里一段成为疑问的是,因为对于同一事物的说明而《营卫志》有不同所引起,如果参照一下耶律雅里这个人,把二审密、三耶律等分为八,"立二府以总之"这一记叙时,也就可以迎刃而解了。所设二府如前所述,系指右大部、左大部而言,因而,雅里所统自为别部,这正是这个右大部——耶律系的统御本部,如上文的说明。相对地谈到应为审密系统御本部的左大部时,自然地会产生是全契丹部族交配者阻午可汗的出身氏族的这种预测。这一点与辽王朝治下的诸部族,即以奚、五院、六部所组成的"四大部族"(《辽史》上所称部族,当然,这并不意味着作为民族学术语上的氏族),一并加以考虑时,可见迭剌、乙室二部的优越地位,从阻午可汗以来就已形成。把迭剌、遥辇二部——所设遥辇,其本义决不是有关血统集团的名称,阻午可汗的场合,这是在指乙室部的一种状态。在第三编的历史考察篇中,已予以说明。作为八部以外的别部,前面使用的十部这一计算方法,正是涉及到契丹部族这样的构成内容。

契丹族是区别为耶律、萧两个胞族而各自形成四氏族的集团,本篇在基于这个观点考究契丹部族制社会构图的时候,有人会提出:"这个构图过于平面了。"可是现在,我们已经获得了这个作为基础集团的氏族本身。既然不可能是纯粹的古典式氏族这一确证,据此,大有把这个平面图立体化的希望,就是称为"立二府总八部"的左大部、右大部的存在。尽管还停留在萌芽的阶段,但已经吸取政治上的支配的一种形式。八个契丹中势力雄厚的两个氏族,各自充当统御胞族角色的这一形式,这意味着这些氏族来代行统治机关,确已产生了公的权力,共同体的全体成员、共同社会的全体集团都平等地参加相互支配这一原则,这样,这种存在会变得黯然失色。果真如此,怎么能说是古典式的氏族能成为社会结成的基础呢? 确实,当时的氏族已经失掉它的纯粹性。所设二审密、三耶律这样编制的本身,是为了收拾残败契丹人所采取的统一、整顿的一种措施,而且由于这个二审密、三耶律的再度分裂,八个契丹的氏族集团已经不是古典式的氏族,这一点再清楚不过了。只是他们虽然处于这个统一、分裂之中,但是毕竟局限在胞族单位的范围之内。尽管不是古典式的氏族,可是仍然残存着氏族的本质,从而产生了一种复合氏族,所设遥辇氏八部确有这样性格的一个集团。

通过以上二章六节,我弄清了八部契丹的部族制,首先举出耶律、审密两姓,论证了它们的起源和沿革,并对它的机能作了探讨。明确这些恰是相当于胞族集团的同时,也谈到八部契丹的性格问题,指出它的氏族本质,得到契丹部族是八氏族、二个胞族的复合体的结论。我们把这个结论借图表简明地表明如下。当然,这是从研究静态的契丹部族而得出来的,也不过是视时间、地点的一种平面图而已。在这个固定的平面图上,加以骨肉并使其血液流通的话,只有待于今后的发展,掌握具体资料作为历史上的考察,才允许有这样的权限。

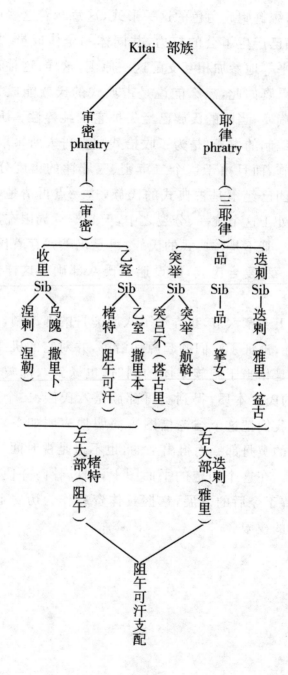

第二编　契丹氏族制的起源与图腾崇拜

第一章　图腾崇拜序言

辽帝国时代,即十世纪以后的契丹人社会,依然是两分其所有成员的无意的社会集团,就按当时被称为耶律姓(刘氏)和审密姓(萧氏)这二姓的契丹人来说,已经忘掉了他们种族的来龙去脉和名称的意义,丝毫没有关于这方面的正确认识。仅在年中行事中还残存着他们的婚姻规整、共同娱乐、宗教礼仪等一些情况。自辽代以后,这些集团虽未引起人们的充分注意,但是,实际上是在古代契丹人社会中成为社会组织的半部族一部分的残余。从以耶律氏族和审密氏族所形成的二分体制这一事实看,当然可以预测这些氏族的图腾崇拜。探讨一下应随图腾崇拜本质而来的各种现象,就要产生如何证实这个预测的课题。首先我们预以注意的是图腾崇拜的一般性问题。

关于图腾崇拜(totemism)的"原始普遍论",不管论断或提倡它的宗教性为主,或者强调它的社会性,这些主要都是多多少少持有进化论观点的民族学者或社会学者们的主张。如巴赫芬 J·Bachofen 和摩尔根 H·Morgan 等的说法是:"人类社会在其发展的当初,必然地不能不经过这样一个阶段。"拉伯克 J·Lubbock 如兰以及杜尔克姆 E·Durkheim 等这一系统的人们则认为,图腾崇拜是宗教发达的原始形态。① 这些都属于同一类型,都是以原始文化的一元论作为根基的,这种见解,从首倡者们来说,当然把民族学的事实正确地归纳起来而得出结论后才可能这样主张的。可是,这种归纳,实际上是空洞无物,只是以单纯的概念性的想象为骨骼,而增补上适合这种事例的皮肉而已。从同样都是民族学者而站在历史唯物主义立场的人们,也就是所设文化史学派那里,也受到了"这也不过是与史实无关的辩证地考察"这样严峻地批判。地球上的大部分还残留着即便是过去也看不到图腾崇拜痕迹的广大地区,虽说同样是图腾崇拜,现行的和那个比较起来,决不能是等同划一的,其间地域之差颇为显著。最低限度,认识地域图腾崇拜痕迹尚未到来以前,这个"原始普遍论",不能不甘居于"假定说"的地位。

可是,从给予这样批判的历史主义立场和其他方面来说,怎样考虑图腾崇拜的起源呢? 不是落实于以施密特(W. Schmidt)为代表的"文化圈"(Kulturkreise—theorie)这一学说,就是采用几个地方独立发源的弗雷泽的主张。这些都把图腾崇拜的普及解释为传播与假借的结果。承识原始文化的多样性,从而关于图腾崇拜最初考察的结论,首先可以断定为这是狩猎文化的产物,另一方面也可以断定为大致等于直接走在家畜饲养文化阶段前面的一种制度。②

关于图腾崇拜的"原始普遍论",在那样正确的批判下已被排斥,取而代之的是"图腾崇拜文化圈"这一学说,可是把这个区别于游牧文化圈之外,或者是进一步具体地被论断为"在历史上扮演过重要角色的雅利安(Aryan)、塞姆(sem)、土兰(Turan)三民族中,过去并不存在着这种制度的明证。从民族学现状来说,我们对于

①《宗教与伦理百科全书》。
② 宇野圆空博士:《宗教民族学》第四十一章;弗雷泽:《图腾崇拜与异旅外婚》四卷第十一章。

东北的亚细亚民族,特别对于东北一贯保持着畜牧地带性格的游牧民,似乎已经丧失了重新提出图腾崇拜的信心。但是,我们思考这个问题时,如果站在进化论的立场,称为历史主义者的,当然可以不必说了。就连对于一般资料而下了一些工夫受到很多责难的弗雷泽的比较研究法,也都标榜着根据丰富的事实证实了这一考察的正确。只有以确凿的事实为立论根据而发现有关图腾崇拜分布的新事实,才能消除尚所未解决的分野。所以决不应该一开始就予以拒绝或否定。尤其就在蒙古利亚生活的游牧民来说,他们未见得起初就在这种生活形态里面。"森林之民"南下后,变为"草原之民"这一实例,正是后来属于典型牧民的蒙古族的祖先,这一点是非常明确的。① 现在,我们对于属于东北亚细亚游牧民系统的契丹族图腾崇拜的预想,拟作出论证的尝试,这一论证成功与否,才能最后决定有无的问题。

---

① B·符拉基米尔佐夫:《蒙古社会制度史》第一章第一节。

　　蒙古部先世,原为居位于室建河(Silka R.)《旧唐书》则作望建两河)南方的狩猎者,在文献中出现为室韦蒙古部,蒙从古室韦,从《唐书》开始。

　　"……(室韦河)其河源出于突厥东北界俱轮泊,经西室韦界,又东经大室韦界,又东经蒙古室韦之北。落俎室韦之南,又东流与那河,忽汗河合……"(《旧唐书·室韦传》卷一九九下)

　　"……北有大山,山外曰大室韦,濒于室建河,河出俱伦,迤而东,河南有蒙瓦部,其北落坦部,水东合那河,忽汗河。又东贯黑水鞨鞨……"(《旧唐书·室韦传》卷二一九)。

　　蒙古部本身,正如符拉基米尔佐夫说的是乌梁海森林之民,狩猎部族(hoyin irgen)。

第二章　关于亚细亚诸民族图腾崇拜的备忘录

第一节　对于托尔斯托夫中亚土耳
其人图腾崇拜说的批判

关于北部亚细亚诸民族图腾崇拜的考察,数量极少,几乎属于全部空白。我们只能举出马克西莫夫教授的《西伯利亚及中亚细亚诸民族的图腾崇拜》和托尔斯托夫引用这篇文章的《现代土库曼人中残存的图腾崇拜及二元论组织的遗制》一文。尤其是我们还未能直接接触到马克西莫夫的论证,只是在后面作为问题的托尔斯托夫议论中窥其梗概。

据托尔斯托夫说,在中亚土耳其人之间:一、能搜集相当多数的以动物为主线或者是包括以植物、日月星辰的图腾种族名——在 1961 个名称中,就有 122 例是用牡牛、狼等动物名所组成的,约占 7％弱;二、作为民族社会古风特征的种族对称的分裂,特别是能指出二大分裂的倾向;三、从传说神话中所能找到动物种族名和动物祖先的诸例,八世纪鄂尔浑碑文中的回鹘族(Qguz)(铁勒)、十二三世纪的中亚土耳其族诸族中属于最大集团的回鹘族,见于拉施特·哀丁《史集》中的回纥族,载于阿布尔—卡其—巴图尔汗《土耳其木史》中的回鹘族,属于哈尔哈人始祖的牡牛与鲜花之间所生处女的传说,属于布利亚特人祖先的布加诺颜 Bukanoin、契丹族的白马青牛传说,流传在吉尔吉斯人之间的汗女与赤犬的故事,成吉思汗蒙古族及篾儿乞惕族的狼鹿交配的传说,由于匈牙利王女与犬所产生作为意大利口传的阿其拉传说,等等。他们都以上述三点作为论据，展开关于图腾崇拜与二分体制的理论，所设这个二分体制，就是里韦等想说明的那样，并不是从一开始就形成了个别的两个集团，族外婚胞族不外是以原始氏族出发的单一集团，试图禁止族内婚所采取的必要措施，从而本身就一分为二成立起来的一种体制，只于关于胞族，首先就要赞同这个分裂说。对此托尔斯托夫认为，种族内部婚姻定要破禁止的契机是由于物质生产的扩大，人类社会在未开化的阶段毫无限制地乱婚，因而给生产机能带来显著的障碍，排除"性的禁忌"是排除这种障碍的重要手段。这样进入血缘家族时代以后，男女两性完全陷入了互不相扰的孤立状态仅能在解除"性的禁忌"的规定期限内，才能举行集团婚，就是说男性集团与女性集团，为了生儿育女，传宗接代，在生产中止的期间内——只有在这个期间，生产退到第二线。本来这也是为将来的提高生产作准备——作为一个全体的合成社会。对于全面地提高生产作出显著贡献的两性各集团之间的分工发展到一定程度时，男女两阵营不得不逐渐地抛弃过去那样的孤立性，这就是要成立一种经常性的男女混合的经济集团。从反面来说，如果置之不理时，不但要重新导致乱婚，而且可以说濒临引起生产全面衰退的危机。内婚禁止这样社会史的动机，换言之，这正是族外婚的起源，同时在这里已是二分体制的开始①从氏族图腾崇拜到性图腾崇拜，性图腾崇拜到胞族图腾崇拜的转换。可以从土库曼人的《氏族志》摘出三种事例，即图腾崇拜的种族名、种族二大分裂的倾向及动物祖先的神话，这些都有力地维护着有关图腾崇拜的理论，像这样正当的图腾崇拜，确实是存在于他们之间的一种遗制。托尔斯托夫就这样肯定了他的判断。

　　把族外婚看做后来附加到图腾崇拜的一种制度，或者把胞族

---

① W·里韦斯：《社会体制》第二节。

的由来视为民族分裂的结果,这种见解亦有可取之处。但作为他的理论整体来说,有相当勉强的地方,不能令人立即首肯。① 在这样的基础上建立起来土库曼的图腾崇拜这一具体结论,存在着一些粗杂的论据,漏掉了在土耳其族之间可以作为动物祖先神话典型的突厥、高车的例子,仅仅把阿布尔—卡齐所设的回鹘汗传说中的与父方从姐妹联为婚姻的这一事实曾反复地叙述三次,却又对反面资料置若罔闻,最成问题的是忽视了时间和地点的关系,这只是一种机械的、形而上学的比较法,而对于一个特定民族所探讨的历史关系置之度外,只是单纯地追求事例在表面上的一致或类似。这种比较研究法是非科学的,弗雷泽已充分受到这样的责难。托尔斯托夫对于土库曼的图腾崇拜的处理上,信手拈来地罗列出涉及到几个时代的突厥、蒙古民族的广泛事例,这完全是重蹈弗雷泽的覆辙。根据这一观点,那么他所提出的全面资料,即使不是属于自然崇拜的一种动物崇拜,但也可以认为和接近图腾崇拜本质的名称、起源和亲缘关系有连带关系。只要是用这样的理论和研究法来立论,在结论方面,无论如何也很难避免含有不能自圆其说的缺陷和矛盾。

---

① 托尔斯托夫的这个立论的出发点为原始乱婚制,不言而喻,作为与分类式亲族组织相对应的婚姻制度是摩尔根所提出的。摩尔根的这一学说,虽然对于后来有深远的影响,但因后来民族学上证实的结果,似乎已被断定是一种"架"的东西。关于二分体制的起源,也驳斥了里韦的说法,把这个仅从原始民族的内部分裂来加以说明时,我们今天很难接受这种提法。但对于托尔斯托夫理论基础的从性图腾崇拜转换到胞族图腾崇拜的这一点。不能不抱有重大的疑问。因为以性图腾 M·F 为中心而结合起来的男性集团女性集团解体,各自变为把男女两性混合起来的经济集团时,这个新兴的集团把图腾 M(男性)和图腾 F(女性)的成员,一并包括在内,因而一方面由 M 图腾统一起来,另一方面 F 图腾可能成为共有的西。即便除 M、F 以外采用新的 A、B 图腾,也是同样问题——这种图腾的变化,就是从以成员与图腾亲缘关系为基础的图腾崇拜的主义来说,毕竟也不能说明这个问题。关于这一点,现行的所设性图腾崇拜,其实不等同于只是属于男女间的守护动物或咒物这些种类,从课以食用及其他禁忌这一点来看,大体上可以想象为图腾崇拜,但这也不过是假设地赋予以性图腾崇拜的名称而已。仅迷惑于性图腾崇拜这一名称,不能立即和一般的图腾崇拜同样看待的话,那么,从民族图腾崇拜变为性图腾崇拜,从性图腾崇拜变为部族图腾崇拜,这种说法本身不能不说已失去正鹄。

第二节　高车与突厥

对于托尔斯托夫有关图腾崇拜的论述,虽不能原封不动地接受,但是我们可以按照他所使用的材料性质,当然,并不是他所提出的资料全部如此,大致上承识一部分。过去被认为包括乌拉、阿尔泰语系广义的土兰民族之间并不存在图腾崇拜的痕迹。现在看来,如能在亚细亚诸民族中,在力所能及的范围内,找到与土库曼相仿佛的情况,这为我们证实契丹人图腾崇拜的问题做了必要的准备。从这样的见地出发,在亚细亚诸民族的民族志中会看到为数不少的我们所需要的事例。

首先谈谈前面已涉及到的高车和突厥。据《北史·高车传》(卷九八)和《北史·突厥传》(卷九九)记载,高车族始祖是匈奴王女和牡犬之间所产生的男子,关于突厥族,已存在着大同小异的传说,正如史书所记载的"此说虽殊,终狼种也"的结论,他们的始祖也是以狼为母而生下来的。这些传说,都只限于中国文献上流传下来,虽如此,但决不是出于中国人的想象,如果参照一下后世十三世纪的蒙古,他们亲自把考古的口传记录下来的传奇《元朝秘史》(Monggol－un niručatobča ran)也很清楚地写为牡狼牝鹿,从而我们不难推断《北史》记载是中国文学家们直接或间接地听到当时高车、突厥的口传而忠实地记录下来的。

但是,如果仅有动物的传说,就说成是图腾崇拜,未免过早。诚然,被称为高车祖先的匈奴中,属于单于氏族的挛鞮氏与呼衍氏,兰氏,须卜氏(丘林氏)等贵族互通婚姻,这确实可以认为是族外婚制度,但在高车、突厥族中,还不能确认这一制度的存在。另一方面,他们实际上的氏族社会,也仅命名为五部高车、十姓突厥、九姓回纥等,仍处于漠然想象的一种境地。因此看来,与推断图腾崇拜所必要的伴随现象完全风马牛不相及的狼祖传说,在这种情况下,还不能成为任何一种线索。

如果对于上述中国文献,不着眼于加在末后最有趣味的一节,或不加以正当的解释,就不能得出结论。是以引人注意的是不外末后一节。在叙述他们是狼种的原因之后,又加上了"……故其人好引声长歌,又似狼嗥"。高车人因为是狼的子孙,在唱歌的时候,经常不换气地把嗓音拉长,酷以狼在远吠,关于突厥,也有这样的记载:

　　　　……故牙门楼立狼头纛,示不忘本也。

突厥人在牙门楼立狼头纛,说明他们之间依然保持出自狼种的强烈意识。

把种族的共同祖先,承认是自然界的某一特定的"种",从而对于这个"种"抱有特别亲近的感情,这已成为某种习惯势力。这一点更进一步形成了遗制化,把这个考虑为图腾崇拜的一般过程,再与狼祖传说结合起来时,则对于那个动物的形象视同神圣,或者出于喜爱而仿效那个动物的性格,甚至于作为一种义务来模仿,这在高车、突厥已成为信念和习惯,正可以从这里承识他们之间图腾崇拜可能性的范围。如杜尔克姆证明的那样,作为徽章、纹章图腾的意义,在事实上,从特林吉特族(Tlingit)到夸库特儿族(Kwakiutl)北美大陆南北海岸的土人之间,很明显地符合这一情况。而且据里韦说,成员与图腾在体质上极相类似,如北美奥吉布洼族中的"熊氏族成员,以勇敢著称,鹤氏族成员则发声清越,仿佛鹤泣",在下面的美拉尼西亚诸例可以证明。①

根据上述理由,我可以解释高车、突厥有图腾崇拜的可能性。面对着同样的事实,存在着不同的理解。护雅夫学士则提出了萨

_____

① W·里韦斯:《社会体制》第二章。杜尔克姆:《宗教生活的基本方式》。

满崇拜（Sharmanism）说，在他的《在游牧国家中的王权神授思想——突厥民族的场合》（《历史研究》123 号）及《关于古代土耳其族（高车）始祖的故事》（《北方研究报告》八）二文中已为详述。以西伯利亚的图腾崇拜为基础的北方诸民族，特别是论断土耳其族的高车、突厥所付出的辛勤劳动中，也包括通古斯系诸民族，即在广泛的土耳其系、蒙古系的游牧氏中只要是存在着以巫者、巫师为中心的巫术宗教礼仪的话，那就可能不失为正当的见解。虽然如此，护雅夫学士把前面我所讲到的突厥的狼纛、高车人的长嚎这些惯行也一并全面地收容在萨满崇奉系列之中，所以不能不持有疑义。因为无论是图腾崇拜或萨满信奉，这些因属于精灵论（animism）的世界，或者出于物活论（animatism）世界的一种信念，无论是哪一个，它的表面上的变化都要受到极端地限制，作为低文化的特征是不能避免的，例如萨满崇奉特征之一的灵界巡视，类似这样的构思，即在图腾崇拜中也成为基本的形成而展现出来。图腾崇拜进入衰进期以后，很难按原来那样说明。从图腾动物，植物产生人类的时候，这就重新编造出一种神话，用以说明图腾氏族成员与图腾之间的亲缘关系。杜尔克姆把这个基本形式从哈依达族（Tsimshian）诸例中总结出来，称为"氏族祖神秘世界的逗留"①。因为这些神话，在度入空想世界之际，每一氏族祖都和图腾动物共同生活的结果，从这样结合起来的亲缘关系，萨满图腾动物的牲格，因而在重返人间世界时，常常赋予动物的名称。从表面看来最低限度萨满信奉是以"灵界巡视"为特征，图腾崇拜则以"氏族祖神秘世界的逗留"为其特征，比较起来，从根本上区别二者并不困难，至于萨满祭礼中的特征由巫者模仿动物的动作，这与属于图腾崇拜本质的由图腾成员表现出来的类似图腾动物的行为有无关系，

---

① 杜尔克姆:《宗教生活的基本方式》。

在仓促间还不能予以识别。

在萨满崇拜与图腾崇拜的表现形式之间,存在着一条界线。所设的这条界线,雄辩地说明图腾崇拜不仅仅是宗教信念,同时也是一种社会体制。按照弗雷泽和杜尔克姆的极端说法,图腾成员和图腾纯粹是平行、对等的关系,而图腾是亲近对象而不是崇拜对象,当然不应列入宗教的范畴,追本溯源所设图腾崇拜是整顿集团的一种原理。这一点同以"精灵论"为背景的原始宗教萨满信仰有着截然不同的界限。这种差别,当然不能不在具体的表现形式中有所发现。如何能提出这个问题的关键,将成为被质问的顺序。

把问题压缩到最低限度而加以论断时,即不论"萨满的灵界巡视"或"氏族祖神秘世界的逗留"都和动物有紧密的联系。前者相信一切动物都有精灵,所以不加区别地均能登场,后者则决不允许有这样的自由,严格地限制在与氏族祖有关的唯一的属于图腾种的动物。前者只有称为萨满的特殊的个人才有这种特权。后者则代表氏族的氏族祖,换言之,全体氏族成员都作为有资格者而总括在内。从仿效动物的情况来看,则愈益明显。萨满崇拜虽只限于表演者萨满这一个人,但被表演的动物行为有狼吠、蛇行、鸟啼、马蹴以及鸷鸟的起飞等等,真是丰富多采,范围广泛。图腾崇拜则与此相反,尽管是氏族全体成员这样的复数,说到演出动物时,仍然严密地限定在图腾动物这一种。

关于萨满崇拜和图腾崇拜在本质上的区别,已如上述,如此看来,突厥人的狼头纛、高车人的狼吠,与其说属于萨满崇奉,莫如说与图腾崇拜有关,这一点已逐渐得到明确。因为这两个种族同样都出自于狼,他们为表明对于种族的强烈意识,同时还要表达对于种族祖狼的深厚感情。这不是个人,而成为集团采用的习惯和行为。我这样说,并没有丝毫反对护学士的说法否定突厥、高车萨满信仰的意图,而是按照这旁征博引的正确见解,承认北亚细亚诸民族中的萨满信仰的。这样,对我的论证会提出如何处理图腾崇拜与萨满信仰互相交错的这一质问。但我以为,并没有必要坚持二者择一的态度,以北亚细亚诸民族的萨满信仰的通说为依据,可以认为真正萨满信仰传播的本源是发自高极地方,这也就大致上能说明这个问题。据一般的说法,属于"物活论"这一阶段的图腾崇拜,在后来的传播文化的萨满信仰之中,当然残留着它的遗制。而且上述表现形式在外观上类似,也使人进一步比较容易地了解有关这方面的概况。

最后,还应该注意的是,我并不是仅从"狼祖说"以及狼头纛、狼声这些资料,就断定狼是高车、突厥族的图腾崇拜的可能性,从而这个结论也不过是属于概括性范围。这里没有重新声明的必要。

第三节 吐蕃及其他

比起高车、突厥来,吐蕃族的图腾崇拜有较为可靠的确实性。即据贝尔·C[①],说图伯特的古文献 Pu—ton Rimpo—che 的 chö—Chung 中,载有关于图伯特族出自猿猴的古传说,虽说是古文献,充其量也不过是十二三世纪的著述,而且构成这个传说的内容是"为了超度一头淫乱的牝猿,菩萨的化身相与结合,遂生图伯特族始祖",这本身就带有很浓厚的佛教故事色彩。我们马上承认图伯特完全像传说那样,未免还有些抵触的地方。虽如此,我们还能找到确信这个猿祖神话是纯粹古代图伯特族口传的理由。关于图伯特族另一支派党项族(Tangut),早见于《隋书·党项传》:

党项羌者三苗之后也,其种有宕昌,白狼皆自称猕猴种,

---

① 据贝尔·C:《西藏的昨天和今天》第五章。

> 东接临洮、西平,西拒叶护,南北数千里,处山谷间。每姓别为
> 部落,大者五千余骑,小者千余骑。织牦牛尾及粘羺毛以为
> 屋,服裘褐披毡以为上饰。俗尚武力,无法令。各为生业。有
> 战阵则相屯聚。无徭役,不相往来。牧养牦牛羊猪以供食,不
> 知稼穑。

从这样一段记载,可以断定以氏族血缘集团为社会基础的畜
牧种族唐古特族,与宕昌、白猿等共同流传猿祖传说,那么,同属于
图伯特种族的吐蕃族,尽管在《隋书》中未曾立传,初见于《唐书》的
传中,可是,我们可以看做为他们之间也存在着同样的事实。这
样,我们再参照一下上述中国文献上的图伯特族古传说,至少认为
猿祖传说本身,决不是从佛教润色出来的产物。在这个猿祖传说
和氏族单位的古风社会组织之上,再加上两《唐书》有一致记载的
猕猴作为牺牲品的习惯,这就可以说初步具体地类推为图腾崇拜
的基础条件。再加之下面一桩最重要的事实,可见吐蕃族的图腾
崇拜和高车、突厥比较起来,有更大的可能性。这里所说的最重要
的事实,是指有关文成公主所见的著名的吐蕃人赭颜习俗而言。
唐太宗贞观十五年(641)年,作为和蕃公主的文成公主下嫁到吐蕃
的始末,在两《唐书》及《资治通鉴》中都能看到大同小异的记载。
据《旧唐书》(卷一九六)所指出:

> ……贞观十五年,太宗以文成公主妻之(吐蕃王弄瓒)。
> 会礼部尚书江夏郡王道宗主婚,持节送公主于吐蕃。弄瓒率
> 其部兵,次柏海,亲迎于河源。遂筑城邑立栋宇,以居处焉。
> 公主恶其人赭面,弄瓒令国中权且罢之。自亦释毡裘袭纨绮,
> 渐慕华风……

这里说是赭面。《新唐书·吐蕃传》(卷二一六)中说:

> ……部人处拂庐,多老寿至有百岁者。衣率毡韦,以赭涂
> 面为好,妇人辫发而萦之……

从这里可以清楚地看出,以红土涂面决不意味着妇女的化妆,而已成为吐蕃人一般的习俗。关于这一点,《资治通鉴》(卷一九六)则记载:

>……其国人皆以赭面,公主恶之,赞普下令禁之……

这种记载是不容误解的。本来这个赭颜风习是普遍地风行于不分男女老幼之间的一种土俗。为奉迎公主之意欲加禁止,但就是这位蕃王对于这样一种习俗非一纸禁令即能禁绝,故不得不权且罢之,《旧唐书》把《新唐书》和《通鉴》的这种叙述忽然改为"下令国中禁之",像这样含蓄的写法,难免有疏漏之嫌。

在这里虽然弄清楚赭颜风习是图伯特人的土俗,但是它的起源如何,具有何种意义,中国文献并无道及。我们虽然了解到有关图伯特种族的猿祖故事等种种民俗,那么,几乎能肯定它的起源是发自模仿猕猴形态的一种行为。赤颜是猕猴外貌上的特征,因而自称猕猴子孙的吐蕃人,他们自己也想保有同猴一样的红脸,或者不能没有这样的愿望,这个愿望假设就是赭颜习俗的由来时,正与图腾氏族成员并无任何不同之处。因为他们都是相信同自己系谱结为近亲关系的图腾动物而模拟其形貌、动作,用以有力地表明这种关系。图腾的一部或全部,被氏族成员视为极神圣而又亲近的象征,把这个描绘在携带品或黥于肉体之上,这种实例广泛地分布在北美大陆、非洲及美拉尼西亚的图腾崇拜,其中属于非洲尼格鲁种的"豹氏族",全体成员都用白墨在四肢五体上绘为斑点;[1]这可能是与图伯特人赭颜相匹敌的最好例证。

以上我列举了亚细亚诸民族的高车、突厥、吐蕃,论断了他们图腾崇拜的可能性,至于个人图腾崇拜(individnal totemism)虽说不很充分,但也有资格成为图腾崇拜一部分的话,我还要把我国古

---

[1] 哈特兰:《宗教与伦理百科全书》。

代这样的事例增加进去，如此，更能广泛深入地推断这种可能性。关于这个详略原委，以《古事记》作为资料，神武天皇和熊之间存在着守护灵等于个人图腾崇拜的问题，从西冈直四郎博士《日本上代图腾崇拜痕迹问题与关于咒术的二三考证》一文可资证明，请参考。

第三章　契丹部族的图腾崇拜

为了把本篇课题从侧面做出论证,就契丹族周围诸民族的图腾崇拜已详细论述。按次序来说,现在序论已告一段落,从此更要进入主题。在论证这个问题以前,把图腾崇拜的定义大体上明确起来,这是当务之急。什么是图腾崇拜?看起来好像是很陈腐的问题,可是,从民族区域图腾崇拜的实际情况,都表现出似乎不很鲜明的特征。极端地说,如果我们考虑到所有这些一贯本质的特征都处于随时被否定的状态,这就不能不承认有此必要了。为了避免混淆,用最妥善的办法,我还是首先举出通说的定义,下面则以此为基础进入主题的论证。

弗雷泽对于图腾的一般定义赋予了如下面这样的形式[1],即:"图腾崇拜,一方面是血缘者的一个集团,他方面又是存在于自然或人工的事物和某一个'种'结合起来的想象中的亲缘关系。这一事物即称为这个集团的图腾。"这虽有普通性,仍难免有些抽象,因为不可能太适合于顺应事态进行验证,现在再探求一下具体而详细的内容,现在举出戈尔登威、杜尔克姆、哈特兰等所下的定义,把彼此都综合起来,指出其核心部分,大致可以归纳下列五点:[2]

(1)按照民族形成的社会,还是由于事实或者是拟制的血缘关系而结合起来的集团成立的一种社会制度。

---

[1] 弗雷泽:《图腾崇拜与异族外婚》。
[2] 戈尔登威尔:《早期文明》第八章。哈特兰:《宗教与伦理百科全书》。杜尔克姆:《宗教生活的基本方式》。

（2）族外婚的惯例，虽未彻底实行，但与此相伴，可以为常。①

（3）氏族或者是血缘集团，以动物、植物或稀有的日月星辰等自然现象的图腾名，采用集团的称呼。

（4）成为集团名称的事物，从其全体成员用类似或血缘的观点来衡量时，往往可以认为处于世系的关系之中。

（5）这个事物或者是"种"，成为增殖仪礼的对象，或成为禁忌（taboo），以及在其他方面成为宗教感应的实体。不能孤立地或分割开来表明这种种特征，必须看作是一连串的随伴现象，才能推断出图腾崇拜存在的高度的准确率。

关于契丹族的图腾崇拜，想按照这个基准进行论断。在前编第二章第六节中，已分别论述了（1）（2）的说法，互为外婚单位的耶律、审密两个胞族各自包容四个氏族所形成的二分体制，这就是所称的契丹部族制社会基础构造的那个结论。如契丹族图腾崇拜立证所必要的最初两个条件是，即在那里作为一般背景的社会体制得能存在图腾崇拜，这像前面所说的那样，已被验证。现在不得不继续探讨在这个基础之上作为特殊对象而出现的（3）以下条件，

---

① 过去认为族外婚制度和图腾崇拜有不可分割的关系。作为族外婚内容的性的禁忌，这也不外是图腾禁忌。把这个发生的由来和图腾崇拜连接为同体关系是杜尔克姆著名的"图腾崇拜理论"，就是说，普遍地留在成员之间的图腾精华是即在各器官之中特别是集中在血液这方面。由于女人把图腾传于子孙，因而特别对于女人的血液视同神圣。尽管女性由于体质上的生理关系，周期性地把血液排泄出去，但是不能因此避免或减少神圣的因素。从此，同一集团的成员和这样的女性接触，感到很大的危险。为了避免这种危险，就采取了与同集团的女性绝对禁止接触的措施，直截了当地说成是图腾的性禁忌等于族外婚。完全可以代表这种见解。可是按照斯宾塞调查澳大利亚中部的结果，澳洲中部位置孤悬，风沙扑面，再加上同白人毫无接触的种种原因，仍能原始地保留着原始状态的阿兰达族中，反而发现族内婚制度。这一点，对这个问题，予以从根本上重新思考的机会，于是族外族婚和图腾崇拜起源不同的"更正说"，就应运而生，终于被弗雷泽等采纳（弗雷泽：《图腾崇拜与异族外婚》第四卷）。他们下了一个"外婚制既然如此，也不过后来对图腾崇拜的附加物而已"这样的定义。尽管这样，姑且不说最初的考察如何，这在图腾崇拜的一般处理上，仍不失为有力的方向，这是因为，很早就与契丹族有同类关系的鲜卑各种族，例如《魏书·官氏志》中有"（拓拔）十姓百世不通婚"这样的记载，采用了严格的外婚制。可是仍事实上以拓拔氏—慕容氏、慕容氏—殷氏组成的这样一个外婚制度。

把图腾名是否当作名称来冠于氏族或类似的血缘集团,这就是第三个必要条件,关于这一点,二分契丹共同体的两个胞族属于契丹固有的耶律、审密这两个姓氏将成为问题。

如所周知,耶律姓在辽代逐渐一致地使用这个汉字,金、元时代和其他方面未必尽然。有耶律 yeh－ya－lü(《〈资治通鉴〉考异》)雅勒 ya－lo(《续资治通鉴长编》)、曳剌 yeh－la(《元史》)、移剌 I·la(《金史》、《元史》)等不同的写法。审密也是,专用石抹 si－mo 这样的音译是金代以后的事。因而我们顺着这些字面的现代话音、中世音,再斟酌一下《元朝秘史》的用例,在某种程度上能正确地限定在耶律、审密反映出来的原语音值(参照下表)。

	现代音	中世音	《秘史》用例	
耶律	ya / yeh －lü	ia－lji̯uĕt	ya(牙)～ ye～	
雅勒	ya－lo	nga－lək	ye(也)－la ya(牙)－la	(ya－la ye－la
邪律	ya / yeh －lü	zia－lji̯uĕt	ya(牙)～ ye(耶)	(ya－lu ye－lu
曳剌	yeh－la	～lat(辣)	～la	
移剌	i－la	～lat(辣)	ye(也)－la	
审密 石抹	shén mi shih－mo	si̯ən－mi̯et zi̯äk－muat	～mi(米) ši－mo	(sèn－mi si－mo

即从对耶律赋与 ya(ye)－la,yu(ye):lu 的音,审密则予以 šên－mi,si－mo 的音的情况来看,就分别找到了推定原语的线索,[1]从

---

① 此表中的中世音,是以上述高本汉的辞书为依据的,辞书中虽未直接表明为"剌",但以同体同音的"辣"代用。

音节上的线索再找出意义上的线索,与后述的契丹族"白马青牛说"相结合的话,首先是审密,这同蒙古语意味着"牝牛"的 šar 或者是 sin 相适合的。对于耶律也能指出同样的动词"训练马"jalahu,jaluhu 这样的关系语汇。šarsir 的复数形 šarmut,šilmuct——终于 r 的名词,其复数形是代以一般的复数结尾词 ut 而使用 mt,hnt——把这个音译为 šên–mi(审密)。Si–mo(石抹)是很恰当的。因为原音 R 被转写为 N,语尾的 T 则被省略,这从 Tarar(鞑靼)、SyrTardush(薛延陀)以及 Qngut(汪古)、Naimat(乃蛮)等音译的例子,也能明显地看出是一种通例。

把审密的词义模拟为"牝牛"šan šin 是比较简单,相反的耶律从动词 jalahu(jaluhu)予以说明时,则必须经过一番周折。首先要解释动词 jalahu(jaluhu)的意义,一般都知道意味着"招待"的这个动词,另外还有"训练马"这样一种特殊意义。施密特的辞书中虽然遗漏,但在科瓦列夫斯基和戈尔斯通斯基的辞书中,则分别选出几个"dresser un cheval" "Правитълощадъю"等不同意义的词的语解。可是蒙古语中许多名词,往往都是用动词作成的。鲁德涅夫 A.D.Rudnel 的文法书(山口茂一译《鲁德涅夫蒙古文典》)第七项中例示为"某一动作"向接受这个动作的物体转化是 ačihu(付以行李)→ačiyan(行李),并举出如下的定律:

词根＋ga(ge),gan(gen)——但词根的末尾是元音 i 时,ga(ge),gan(gen)或代以 ya(ye),yan(yen)。对问题的动词 jalahu

---

又:《元朝秘史》中,几乎没有例外地"耶"都写为 ye,"牙"则用 ya,"耶"、"邪"都不是现代音的 yeh 而是 ya 音,此时因与"牙"同音同韵(麻韵),《秘史》用例栏中,也以"牙"ya 字代用。

又:"雅"的现代音和"牙"同音,与"也"字同是马韵,《秘史》用例栏中表明,"牙"以"也"来代用。

又:《元史》作为相哥,《秘史》则写为也松格(yesöngge)。据此,"也"(ya)是移的代用,揭示于《秘史》栏内。

又:"密"和"米"音同而韵不同,《秘史》也无以其他代用的用例,尽管不太可靠,在这里只好参考"米"字。但在《元史·亲征录》中,把 Hamil 写为哈密力、合速理,都和 mi 同音,只是质韵与齐韵之差,因此,用"密"的质韵与齐韵之差,因此,用"密"的质韵来代替"米"的马韵也并不是不可能的。

(jaluhu)适用这个原则即能成为 jala—ga,jalugu 这样的名词,不消说,它的语义是接受"训练"这一动作的物体,这就是马,尤其不能不说是牡马,以把这个牡马 jaIa—ga,jalu—ga 写为曳剌、移剌以及耶律、邪律、雅勒等情况来看,音韵上、意义上都能说得通的原语。为了慎重起见,在这里还要加上一句话,具体到审密 shên—mi→šan—mt(牝牛)虽无此必要,这个耶律 ya—lü—jala—ut(牡马)的问题,尽管承认它是在文法上是正确的转成名词,但在现代蒙古语中,不存在这一名词,至少在施密特、科瓦列夫斯基、戈尔斯通斯基连同鲍伯(Folke Bob erg:Mongolian—Engish Dictionary)的几部辞书中也是遍觅不得的。虽然如此,我们没有理由认为现代语汇中没有的名词,以往也是一贯不存在的。现从十二三世纪蒙古语音译的《元朝秘史》中发现 sinrula(青白马)、qubi(淡黄马)、gongrol(甘草黄马)、eimüg(不生驹)、kötöe(从马)等诸如此类的例子,正复不少。[①] 何况是这样遥远属于史前时代契丹族的图腾名称,能在现代蒙古语汇中有所发现时,这可以说是过去未曾有的先例。在这里我们可以很恰当地引用一下杜尔克姆例于澳洲未开社会论述氏族与胞族关系的"胞族论"一节:

  ……胞族是,某一部族很早就失去的独特的名称,纵使还保持着这种称呼,但在实际上,已被成员们完全忘却了它的含义。对此,我们用不着大惊小怪,因为,这从胞族到处都出现退化状态来看,这确实是早期的一种制度。可是,属于这个后裔的氏族,既然变化为第一流的集团以后,胞族过去的名称,从他们的记忆中逐渐消失,遂变为不可理解的东西。据我们了解,有一些带有动物色彩的胞族名称,在现行语言中,以完全不同的形式来表现,从这一事实来看,就不难弄清它的情况……

---

① 白鸟库吉博士:《音译蒙古文〈元朝秘史〉》。

杜尔克姆在下面又举出博尔坎吉(Barkinji)、波尼吉(Paruinji)、美尔巴尔阔(Miepulko)诸氏族的胞族名称"mukwara",本来是"鹭"的意思,可是在现行土语中,一般都使用"bilyara"表示"鹭"。施密斯(B.Smith)按照兰格(A.Lang)的说法,在他的报告中,还举出很多同样的实例。①

还有,蒙古语中,moü 一般是马的意思,可是在特殊的情况下,并不限在这个基本概念上附加修饰词来表现,而是使用着这样或那样的专用独立名词。如去势马 arta、牝马 gegü、二岁马 dara、骏马 kuluk、野马 qulan 等等。因这些现行名词追溯到上述十二三世纪的蒙古语诸例都是如此,这可能是由于过着游牧生活的人对马匹的特殊关心,而造出如此丰富的语汇。② 不拘怎样,对去势以后不加训练因而不能供乘用的牝马,一定会有相当于这个的特殊名词,所设:jala—ga,jalu—ga""被训练"的马,从这个意义上,它是有理由可以存在的。

这样,我们对于组成契丹共同体二分体制的两个社会集团,即对耶律胞族和审密胞族的名称,得出"牡马"和"牝牛"的语解。这个语解,正是契丹祖先神话中出现的两个动物。对此,我们不能不特别予以注意。"图腾的本质,首先是名称比什么都重要,其次才是徽章,"③作为图腾崇拜是如此重视图腾名称和集团名称的一致。尽管有"图腾名称起源论",这样说法,但这不是单纯地采纳缺乏内容的名称上的符合。其所以名称,一定要预先考虑二者在精神上

---

① 杜尔克姆:《宗教生活的基本方式》。

② 即在作为农业民族而具有悠久历史的汉民族中也能指出同样的事例,当然,在这里就主要生产谷物而言。例如,关于稻,首先以稻与棱出现水田、陆田的不同,稷与稌、糯与粳的差别。同样,"粳"与"糯"的里面,籼则,早熟,秔为晚熟,即在"糯"中,也有用酿酒的稉、自生种的穉和稏。下面分别按其品种:穄(红稻)、稬(赤穄稻),穤(白穄稻)、穬(紫茎稻不粘稻)、穤(粑秠稻)等等,这些专用名称的文字,无一不备。这未必是来自象形文字(至少意味着不是标音文字)的一种现象,同时参照蒙古的情况,可能成为对这个民族加强关心的原因。

③ 杜尔克姆:《宗教生活的基本方式》。

紧密连结的充分近亲情感,这自无待言。从这个意义上说,神话及传说中出现的图腾种和世系的近亲关系,把这个名称一致起来,大致上使其情感成为图腾崇拜的确实标准。

条件第四,更能成为研讨的中心,有关契丹族祖先的传说,在记载方面虽有出入,但已被"白马青牛说"统一起来,《辽史·地理志》有如下的记载:

> 相传,有神人乘白马,自马盂山浮土河而东。有天女驾青牛车,由平地松林泛潢河而下,至木叶山二水合流相遇,为配偶生八子,其后族属渐盛,分为八部,每行军及春秋时祭,必用白马青牛,示不忘本云。

从此可以一目了然地看出,这个神话,虽未明说马、牛是契丹人的直接祖先,然而却把相当于始祖的神人、天女与白马、青牛视同一体,不难看出,至少在祭祀的时候,在某种程度上显露出来。与此同时,又在这里谈到八部祖先以及他们始祖的祖先神人、天女的故事,也就是说重复地叙述了二重祖先的传说。这一点给人留下了深刻的印象。从契丹祖先故事中能吸取的内容特质,对于我们能起到重大的启示作用,有可能达到预期的结果。

当进入批判神话的时候,当然要理解原始人的心理状态,这是不可缺少的。神话中反映出那种心理的原始人的智能是低劣的,他们的因果观念也是不精确的,如果仅从这里所产生的神话以充满矛盾的非论理的内容相始终,那么这样一个属于一般常识的见解来进行时,那就根本没有希望得到正确意义的神话批判。必须用我们的科学的思考同制作神话的未开化人的心理状态相比较,明确指出论理上的错误,这样,就值得倾听一下这方面厥功甚伟的法国社会学杜尔克姆学派的说法,据列维·布留尔[1]说,拘泥于不

---

[1] 列维·布留尔:《原始思维》(山冈吉彦译),第一章、第三章。

允许经验渗透的知觉和神秘的集团表象——神话、图腾、巫术、神食之类,总之以思维为特征的自然民族这个心理。的确,这和我们有不同的方向和位置。尽管如此,立即判断它是遵循着和我们背道而驰的另外一种论理,这未免又过早了一些。第一,所设和我们不同另一种论理这个观念本身,就是空洞无物的。如果不这样,原始人的心,就成为聚集而发生事情的逻辑,被这种逻辑所发配只是这种思维,我们并不是仅仅遵循论理法则,换言之,我们思考中的主要条件的矛盾律,在这里意味着不是强求回避,同样地代之以关系法则所支配的一种状态,在原始心理集团的表现中,器物、生物等现象,按照我们所不能理解的方法,它是本身的同时,还成为本身以外的东西。就是说,所有东西和不同类的他物,都是息息相关的,而且把这个做为极度社会化的感应,普及到成员之间。

纵观如上所述的自然民族的心理,再转到当前契丹祖先传说这一问题的分析时,可以看到我们也完全运用了同样的法则,即在说明八部同源的趣旨中,明显地表现出矛盾律的无感觉性,因为据前编的考证,所设后来构成契丹部族的八部,迭剌、品、突举、突吕不等四部及乙室、楮特、乌隗、涅剌四部各自分别形成耶律、审密这二个胞族,从而成立所设的二分体制,当然不可能不是相互不同的血缘集团,同时达到了自觉的程度。正因为如此,这两个胞族成为族外婚单位而维持其互通婚姻的特殊状态,可是现在把这个看成发源于同一祖先的所设的八部同源论时,这不是矛盾又是什么呢?"把不同的东西"认为是"相同的东西"的这种混乱,在我们的思维中认为是不合理的并被排除出去了。对于各种存在之间本质上认为有神秘性共同的原始心理,则并不对此特别关注。一与多、同与异、生与死等在对立的时候,不一定由于肯定一方面促使否定他方的关系的法则,对立虽被消灭而矛盾仍未解决的适例,在这里是能够发现的。

关系法则就是这样,在契丹祖先传说中作为一种指导原理起到很大的作用。特别是直接适用于白马、青牛,呈现了极为生动的表演。是由于"那是自身的同时,也能成为自身以外的东西"的关系法则本质所决定,对我们来说,神人乘马,天女驾车,但与神人天女完全分离,仅予以从属地位的传说里面的白马、青牛,这在原始人的心理,实际上同时也能成为天女。现就这个问题,我与其作进一步说明,莫如举来列维·布留尔所引用的阿兰达的实例更有效果。即在阿兰达族之间,"各成员都认为自己是神话时代的祖先同时……看做为各人的图腾和每个人都是同样"。就是说,每个人即现在生存的每一个男女,同时也是生活在神话时代的半人半兽的祖先,更可以说自己就是图腾本身。对于神秘的祖先和图腾以及各成员的这种一体感,经过 W·里韦在美拉尼西亚详细调查的结果,有如下的叙述。[①]　即"各成员相信与属于那个集团图腾的动物、植物或生物的任何关系结合起来的男或女的子孙"。从这些证言的反面来说,神话的祖先,不能不是用什么关系而登场表演白马、青牛,不容混淆的应是图腾,这不能不说大体上是确实可靠的。

如果马和牛世系上有近亲关系,如上述那样得到证实的话,最后要进行增殖礼仪、禁忌以及其它宗教礼仪为对象,探求习惯的第五条件的研讨,关于这一点,很遗憾,如增殖礼仪与禁忌等这些都不能求诸于文献,尽管如此,很想指出春秋祭祀或者在出征时的呪术仪礼这样共同体的大祭中,以白马、青牛充当牺牲的辽代这一风习。这样在这里应注意到上述《辽史·地理志》中,于"不忘本云"这一说明,原来为解释作为图腾崇拜的附随现象的呪术宗教礼仪而举出。在这里,又想到旨在于强调成员与图腾祖先之间的一体感。契丹族也是通过这样的祭祀,使有机会提高对于祖先集团的

----

① W·里韦斯:《社会体制》。

感应,因为在这种祭祀中,明显地有白马、青牛的参加,测定图腾崇拜的第二条件,仅此一点也可能得到满足了。

以五个项目组成的图腾崇拜的具体条件,我已做出如上所叙的论证,关于契丹族的图腾崇拜,尤其是对胞族的图腾崇拜的存在,拟承认它是"牡马"jaea—gu,jueu—ga 等于耶律〔胞族〕和牝牛šan—mt 等于审密〔胞族〕的这样形式。并且这一认定,如果参照一下前已定及的东北亚细亚诸民族图腾崇拜的可能性,这决不是无此前例的。

还有,在谈到胞族的图腾崇拜时,这里还遗留着通常不能不涉及到的二元自然观、宇宙观的问题。可是,第一,迄今为上的论证,已经充分提示了图腾崇拜的根据,因而再没有必要勉强地把这个问题附加进去。第二,在下篇中讨论遥辇可汗所制定的祭山礼时,还要谈到这个问题。按照这样的预定,对此有关的论述,在此省略。更重要的是,我们对于图腾崇拜的存在,不能只看做为民族志上一个事实,必须探讨只形成社会集团这一形式的本质,根据这个存在,再去追求有决定性的契丹族共同体的原始形态。这正是非常要紧的课题。

第四章　契丹部族制的起源

　　未开化社会在集中前进的过程中,出现的最原始的集团就是氏族、部族,这当然是氏族的扩大和发展,自无待言。家族虽不是把氏族特殊化的"氏族本源论",但至少也是意味着在整个集团体制时期的最初集团。所谓氏族,众所周知,有"是部族外婚的分支,其成员之间拥有共同的图腾,相信是同一祖先的后裔",或者是"有居住同一区域这样一个纽带把他们连结在一起的单系社会集团"等种种定义。其中,居住于共同地域为纽带的第三,可称为丧失图腾以后把地域性图腾崇拜的残余,或者也能解释为和土地结合的共同祖先的信念,无论任何一方,都有把氏族成员紧紧连在一起的绳索,完全和本质上的共同图腾有关,或者不得不归属共同祖先这一信念,而且进一步溯及到它的起源时,"图腾纽带在不知不觉之间,就转移到是共同祖先的后裔这一信念上",因而只能是图腾氏族才是最原始的形态。阿·莫瑞特(A.Moret)在谈到氏族的本源时,他是这样说的:"既不是地域的区分,也不是血、肉体的共同体,其实是适用关系法则,神秘的、宗教的基于血缘意识的集团。"①这个意思是很正确的,更进一步说,属于原始氏族形态的图腾氏族,并非像结合家庭那样的只被限定在血缘集团,更适用于广大的,就是说用格木式的世系牒谱也不能完全包括其范围的集团。

　　探求氏族本源的形式,能达到这样一个程度时,这里就很自然地能理解与胞族有不可分的关系,因为胞族是"从那里产生几多氏

---

① A·莫雷和G·大卫:《古代东方及原始社会组织统治下的氏族》。

族而成为原始的图腾集团的同时,这还是包括二次氏族多数的总体集团"。胞族在发展途中的原始氏族被若干数的二次氏族所分割,这样产生的二次诸氏族,还没有失掉他们共同起源和相互扶助的感情,从而他们之间依然继续存在着联合或结成某种统一集团的羁绊。尤其是关于胞族的成立,尽管不是没有"氏族集合"这样说法,但是仍应看做是以半部族(mcuety)等于原始氏族所形成的集团原始形态,同意更由此分裂为较小集团这种里韦斯①等的"分裂"说,可能是正确的。同样采取"分裂说"的杜尔克姆则认为,"因为胞族与原始氏族同样都是属于图腾"②。这样就明显地看出包括在胞族的二次诸氏族是来源于胞族图腾的。

我们在上面叙述了氏族的原始形态是图腾,与此同时也可以把它看做为胞族的本源,这决不是偶然一致的。在这里回到本题上考虑一下契丹共同体所保持的原始构造。不难从这里推断出来它的概况,的确,这是从以马和牛为图腾而结合起来的两个原始氏族出发,这个图腾的原始氏族各自在第二次氏族分裂的时候,虽说是原始氏族的统一性已被复杂化的诸氏族所代替,但依然维持以往极为强烈的图腾意识,其结果就产生了被二个胞族所统御的重叠组织,这个由 jaea—ga、jalu—ga(马)、胞族等于耶律姓,S—ar·mt、Sir—mt(牛)胞族二审密性所形成的二分体制,正是这一阶段契丹共同体的实际情况。

当然在这一阶段,只是从经验方面加以判断,并未得出涉及到记载的任何论证。不是原始氏族,仅就从这里产生的第二次氏族而论,在从图腾民族发展为共同体的纽带的氏族过程,这正是在"不知不觉之间"进行的。可是我们对于这样事情的另一面,从文献史学的立场出发,不能不对于黎明期的契丹史加以处理。对于

① W·里韦斯:《社会制度》。
② 杜尔克姆:《宗教生活的基本方式》。

文献中最初出现的集团,是否是图腾氏族,或者是已经由于共同祖先这一阶段而进发展成为氏族都从不过问,只是去组织记录时代的契丹史时,他们艰难地对于先史时代所进行的考察,将要前功尽弃,接近于无意义了。我们希望用什么方法来避免先史时代和记录时代的隔绝,我当然困难。不过在这里找出一线的联系能成为唯一的指针是,可能就是对于这些民族拥有的地域基础这一考察。因为氏族地域基础巩固与否的差异,应成为衡量氏族自身稳定性的系数。从而它的结果,纵然本来就不确定,至少可以从这里推断出它性质的概略——是否是图腾氏族。

留传契丹族信息的最早文献——中国史料中,当然不会找到有这样意义直接相关地域性的记载,如能详加探讨时,虽不具体,但从字里行间也能发现一些线索:

> 契丹国在库莫奚东,异种同类,〔竝为慕容晃所破〕,俱窜于松漠之间。登国中国军大破之,遂逃逬。与库莫奚分背〔住〕,经数十年稍滋蔓。有部落于和龙之北数百里,多为寇盗。真君以来求朝贡,岁贡名马……(《魏书·契丹传》,又《北史·契丹传》)

如在《魏书》、《北史》所记载的那样,最初与库莫奚杂处的契丹族,四世纪末(登国等于 386—396 年)被拓拔珪击败以后,这才占据了营州(辽宁省朝阳县)北方数百里的地方作为自己的居住地。上述记载中《魏书》作"分背",《北史》则作"分住",从字面上看虽有不同,但无论任何一方都意味着"停止了至今与库莫奚杂居的状态,自己有了单独居住的地方",这一点并无分歧。由此可见,契丹族在"登国"之前,至少在四世纪末以前,并未从奚部族分化出来,依然处于杂居状态。关于这一点,正因为在外观上颇为特殊,中国文献特别记载了由"分背"到"分住"的变化。如果契丹族尚未明确地采取种族区分,依旧与奚部族杂居的话,那就可以证明他们还未能确立作为一个种族的共同领域这一事实,在这样的情况下,无论如何也不可能认为契丹诸氏族已经确保自己居住区域的基础。

从地域基础当付阙如这一点来看,当然不能急于下契丹氏族是图腾氏族这样的结论,但又考虑到从这里呈现出来的氏族的不稳定性,最低限度他们仍然是古风的氏族,这样的推测是有道理的,并且作为契丹族的现实问题来说,这是很重要的,不能不想象作为古风的氏族状况,以后又将如何呢?是长久地持续下去了吗?不消说对于这一问题的回答是否定的。契丹族从四世纪末占有作为一个氏族的共同区域以后,自北魏末跨入隋代的这二个世纪间和中国接触当中,已表现为"万家之众"、"众万余口"、"控弦十万"这样的大集团,与此同时,他们在各自统率者的领导下,表现出很有纪律的集团行动。集团的庞大和行动的有纪律,这就意味着集团的强盛,内部组织的巩固,从而可以证明这个氏族的稳定性,就是说,很少有氏族分裂或基本上停止分裂。从《魏书》、《唐书》的《契丹传》中所看到的契丹部族诸集团,大致解释为氏族集团是不会错的,当然无从查知其确实数目,斟酌一下所设"十部契丹"、"大贺氏八部"这样的概数,估计在最多的时代充其量也不会超过十几个。这一事实有力地证明了契丹诸氏族的稳定性。与澳洲未开化的社会相比,看到了美洲大陆是前进的。从现象上看,在本源氏族上发生的分裂倾向,前者至今还在继续。相反的后者的氏族早已稳定,停止分裂,因而也联想到构成一个部族的氏族数目也不像在澳洲看到的那样,零零碎碎,数目浩繁,仅以十二个为最大限度,这个距离是很大的。把集团紧缚于土地之上,能成为停止氏族分裂、规模较大、内部组织严密这样一个集团的最大理由。既然在研究北美大陆原住居民的问题上得到证实,那么,具体到从北朝末到隋唐时代的契丹族又何尝不能适用这个原则?这样进行考察时四世纪末以前应是古风的契丹族,实际上也可以推断为处于古风的最末期。图腾氏族既已变为下一阶段以共同祖先为纽带的氏族,这等于典型的父系氏族,或者是其正在变化中。

这样推论的结果,一方面,氏族图腾的消失,从代替这个的"氏族祖传说"这一面也能这样主张的。这样说因为,属于这个或那个原始氏族后身的耶律 ivla－gu(马)胞族、审密 šur－mbt(牛)胞族之下而构成的这些氏族,倘若仍旧停留在图腾氏族这一阶段时,当然要原封不动地保留着由来于胞族图腾的氏族图腾,不仅如此,所有这些并没有给后世留下一点痕迹。从文献上能了解到的图腾,也不过是只有"马"和"牛"二者形成的胞族图腾而已。与此相反,谈到应代替氏族图腾的氏族祖先传说,则正如乙室族中的撒里本、品氏族中的挐女那样,这些都由唐代中期对于既有氏族实行合并或分化出来的。在此以前,就是说不是在北朝末到唐初的契丹氏族中就有这种氏族祖传说,只是在这些氏族重新编制时把撒里本、挐女等氏族祖坟事附加进去,因而从这里窥探出先行时代氏族祖传说,换言之,如果是五至八世纪(北魏至唐中期)的契丹氏族中没有这种氏族祖传说的话,当这些都是图腾氏族时,这就应该想到当唐代中叶氏族重编之际,为什么突如其来地会出现撒里本等这样的氏族祖先呢?氏族图腾并未流传下来,接受了氏族祖传说这一点,正是说明了已经跨进记录时代的契丹氏族,既已丧失了氏族图腾,或者从这里反映出正在丧失图腾中的社会发展,除此之外,岂有他哉?"在氏族的纯然的地域形态中,看不到有能解释为宗教机能的东西,这是因为在这样形态的集团里面,同集团祖的关系比较起来,图腾崇拜一直是没有意识的结果。"①图腾已经丧失,从而已跨入保持氏族祖传说这样的氏族社会中,氏族随着这样进化,它的旧机能残存在胞族中。从咒术宗教礼仪,这就是应该考虑到成为

---

① W·里韦斯:《社会制度》。

后来胞族的最高机能。"……由于氏族的巩固,胞族的古代机能,清楚地看到了在澳洲已不复存在。在北美洲住民中依然维持着。"①契丹氏族虽然丧失了氏族图腾,但依旧得到进化、强化,正基于此,把胞族里这一古代组织原封不动地继续保持下来,既然属于图腾崇拜,仅有胞族图腾崇拜流传后世,这又有什么不可以呢? 具体到契丹氏族的这种强固化,不言而喻,是给集结度较低的图腾氏族的统治度较高父系氏族的进化打下了基础,其实这不外乎获得了地域基础。

自从四世纪到六七世纪的契丹氏族,破除了长期的沉寂开始整备地域形态。最初,先从图腾氏族进展到以共同体为纽带的氏族,由此才获得了初部的地域基础。上述《魏书》、《北史》的引用文中说,他们被拓跋珪击败以后,才脱离了以前的杂居状态,"与奚部族析居",这正是四世纪末的事,从内外、四周的情势来判断,不妨把这个看成契丹族居住形态转化点同内部社会进化相应的记录时代,也是发展度极为缓慢的未开化社会中,由外部来的刺激,特别是军事或政治上的危机,往往成为引起社会急剧变化的重要因素。从一二世纪开始,确保地域基础的父系氏族,首先全面地、成功地阻止了氏族分裂的倾向,逐渐地日益强固起来。这个经过正是"不知不觉之中"从图腾转移到共同祖的典型。

以上所述,我在契丹族的历史中探索最古老年代的图腾崇拜痕迹的同时,又把在未开化社会中形成集团一种形式的本质,尽管不够丰富,但是根据历史事实具体的演变以资说明。契丹社会史就是用这样一种形式构成的。这虽说是古代契丹社会史的少一部分,因此只能看做序论。其内部既已育成典型父系氏族的五世纪以后的契丹社会;胞族用何等机能参加到共同体的,胞族与氏族的

---

① 杜尔克姆:《宗教生活的基本方式》。

关系如何;二分体制是如何发展的,如何实现部族结成的等等,尚未解决的问题,仍如山积。隋唐时代的契丹社会史从这样的观点出发,具体到古代契丹社会史,换言之,即在研讨契丹部族制社会时,以此作为本论,成为当前的对象。

第三编　古代契丹社会的历史考察

第一章　部族名契丹语源考

　　契丹族名传至今日的记载可大别为中国和突厥—蒙古系统两个方面的文献。[①]　就中国史乘来说，自从六世纪编纂的《魏书》问世以来，就一直使用"契丹"之称。与此相反，在八世纪前半叶到后半叶的突厥文献中，则称 Qitay 或 Китаиъ。

　　突厥游牧帝国诸碑，即所设《突厥碑文》（根据汤姆逊著《鄂尔浑河碑铭》和小野川秀美博士著《突厥碑文译注》（见《满蒙史论丛》四），在毗伽可汗碑阙特勤碑、暾欲谷碑中，都用 Qiray。

　　西奈、乌斯 Sine－Usu 所发现的八世纪后半叶的回鹘碑文，即

[①] 契丹人这一自称，当然是在后世很晚的时候实现部族统一以后才产生的。这从文献中可窥见：

　　"统和元年（983 年），帝（即圣宗）即位，复号大契丹。"《契丹国志》卷七〇即有此记载，很值得注意，这可以说，"大契丹国"这一国号的重新恢复，与同书卷一相当于 916 年《太祖纪》中的"建元日神册，国号契丹"这一记载相对应。其间在太宗大同元年二月（947 年），曾建立中国式国号"大辽"，如《辽史》卷四所载。从这些记载中，大体上可以看出，辽代契丹人是作为自称而使用"契丹"这一称号的。《契丹国志》所收《宋国书》中，对于兴宗以下诸帝，称为"契丹皇帝"或"大契丹皇帝"。再参照《续资治通鉴长编》卷一三五"庆历二年三月（1042 年）条"所载《兴宗图书》这里又自称"大契丹皇帝"，这些虽都属于宋朝方面的史料，但不能否定上述结论。然而称为真正契丹史料的契丹文字《道宗哀册》，至今仍原封不动，未被利用，实令人不无遗憾。与汉文碑文《大辽国天祐仁圣大孝文皇帝哀册文》相对的应契丹文，其"大辽国"三字相当契丹文是村山七郎解释为 yike Qitany O-ran（见《契丹文学解读办法》，《言语研究》十七、十八）。我用与村山教授不同的解读法试作解读（见《关于契丹文学的解读》（载于东北大学文学部《研究年报》七），结果取得了与村山氏大体相同的解释，即 yine ktai Orun。诚然，对于契丹文字的解读，都还依旧停留在未完成的阶段。这不像解读的可靠性尚不无疑问。可以认为，从上述《契丹国志》《续资治通鉴长编》得出的结论，作为一种旁证资料仍有利用价值。

磨延啜碑，在涉及契丹的段落字迹漫漶，无可辨认。在兰司铁在《北蒙古两件回鹘卢纳碑铭》(Zwei uigurische Runeninschri－ten in der Nord－Monglei)一文中，略而未提，但其俄文论著弥补了这一欠缺，见所著《色楞格河碑石是怎样发现的》(《Kak был Найдеи "Селегипский каменъ"载于《帝国理学会阿穆尔河地理分会特洛依茨科沙夫斯克——恰克图支会著作汇集》卷十五 TDуды трощкосавско—кяхтинскаго отделсниянириамурскаго отдела императорскаго георафнцескато общества，том ⅩⅤ：1914)。此文翻译了碑文东侧六至七行，内容如下："同月十五日吾于这里谈到回鹘军击败鞑靼军，有一半人投降，一半人逃往契丹。"虽然附有问号，但兰司铁译作 кит—анейй 此乃位于生格前置词之后所致，当是复数第二格软变化词尾，其原形以—ь为词尾的阴性名词。因此问题所在的契丹族名，当是 кнтань[①]。

另一方面，十三世纪蒙古人留下的《元朝秘史》则有所谓乞塔惕、亦儿格讷、阿勒坦罕。以下如例文所示，是使用 kitad "乞塔惕"是变数形式，其单数形式为 kitan[②]。综观上述三种不同资料来源，可见，中国史籍的用语"契丹"和回鹘碑文中的"КНТаНЬ"以及《元朝秘史》中的"kitan"，都是属于同一类型的称谓。至于突厥碑文中的"kitay"这又是另外一个类型。这一点是非常显而易见的。因此，对于契丹族名，首先要确认这二种类型是同时并存。至于如何说明这二者之间的关系，则是当前急于解决的问题。尽管既无特殊的事实，更无新奇的见解，但在实际上，迄今对于这个老问题尚

---

① 契丹帝国及辽王朝君临中国北部，继续了二个世纪，因此其名渗透到突厥、蒙古通古斯系各种语言，并扩大了它的意义，用于指称中国。其内容更加丰富，不过这些都是后来的事，自无待言。八世纪突厥、回鹘碑中所见的契丹，当然都是内容变化以前的用例，这是契丹族名的专用词。同一碑文的(桃花石)则是揩中国而言，从这一点来看，是很明显的。

② 乞塔惕的单数形，不是通常听说的 kitai kitai 如果是形容词，其复数当是 kitan 如果是名词，其复数则为 kitas(比较 nohai—nohas)。

未最后解决。现在把契丹族名重新作为问题提出，并试图彻底解释清楚。这便首先要求我们毫不犹豫地来说明上述二个系统的称谓，这乃是当务之急。

关于契丹的语源，直到现在只有萧特做过探讨（见所著《契丹和黑契丹》。）针对他们的说法，桑原隲博士说实难首肯（《东洋史教授资料》），白鸟库吉博士则加以赞同。萧特认为，契丹同表示"切断"、"杀害"的蒙古语动词 kitu—khu 以及表示"谷物收割"的 kidu—khu，表示小刀的名词 kitu—gu、Kito—gha、Kuta—gha、kutu—gha，还有突厥语中表示"切断"的动词 käsz—mek 为同一语源等，白鸟博士说这"是可以赞同的"。契丹的原语，正确地说不能不是出自表示"切断"或"把它切断"的蒙古语。为了进一步强调这一主张并找出旁证，曾援引了多达二十种通古斯语、蒙古语诸方面，进行比较印证（如前所述，白鸟博士认为契丹族是蒙古、通古斯混种）。还援引了《金太祖实录》(《辽史拾遗》所引)"辽以镔铁为国号"这一说法。同额鲁特语名词 khatin"钢铁"对比，也许可以作出结论说：Kytaj(khatai)，kytang(契丹)的原义是"切断"，由此转化为"镔铁"或"刀剑"、"剪刀"之类的名称。

这个堪称唯一的"契丹"语源说其主要点正如上文所述，即发现"契丹"与蒙古语动词 kitukhu、kadu—khu 之间在语音上有近似。不过也仅仅是根据这个理由。探求"契丹"族名的语源当然要作多方面的考察。对于上述说法，可能会特别感到结论以嫌草率从事等缺陷。首先，"契丹"既然是部族泛称，就应考虑这个称设从何时开始使用的历史经纬（如果这是氏族名称，几乎可以肯定是从内部产生，就不必考虑）。更具体地说，对于这是内部产生的自称。还是来自外部的他称，应当加以探讨。其次，与此同时，还必须慎重处理词义联系，而且要重视这一问题，不能仅从现代的意义来说明词义联系,这是不充分,不确切的。① 再次,尽管有语音近似,若不充分说明从动词 kitu－khu、kadu－khu 转为名词的过程,则无以预断是否在语音上近似。再其次,即便能够找出 kitai(或者Kitan)的近似音,这果然是向 kitan 转变的同时所形成的吗? 总而言之,上述诸问题,只要没有正确解答,我是无论如何也不能接受萧特和白鸟博士的说法的。

契丹或 kitai 这一名称,从出现于在文献记录之日起,即用作种族全体的总称。这一点非常重要。特别是在六世纪的编纂的《魏书》中,把契丹的历史追溯到四世纪,就是说,"契丹"这一名称也是如此,以"契丹"总称该种族早在四世记就已开始。在另一方面,从契丹族内部的情况来说,当时契丹还处于远在实现部族统一以前的阶段。② 契丹人仍然生活在古典式氏族社会中并未形成作为部族统一意识,然而却有作为总称的族名。对于这样一种矛盾情况,若是平心静气考虑中国文献上出现的神称泛称"契丹"一名称,就不能允许视为出自他们内部的自称。尤其是按照一般的推测,属于同一血缘集团的氏族、半族的名称,不能不认为是从内部产生的原名,但是,不同氏族或其中包括另一个半族的部族则未必如此,倒不如说相反的情况更为普遍。③ 我从这样的见解出发,认为"契丹"、ktai 不是自称而是他称。

"契丹"iktal 如果是相邻的其他种族所加的称呼,当时契丹族

---

① 白鸟博士根据《金太祖实录》所载"辽以镔铁为国号"判断契丹的原义是铁,但《三朝北盟会编》有"辽人以辽为国号"的记载,而且"镔"字的意思是白金,并无"铁"的含义。我认为有一点其说服力非常薄弱。因为,第一,虽说是《金太祖实录》中的说法,这对说明契丹族名起源,其可靠性仍有问题。第二,上述《金太祖实录》中的说明,是在与自己的"大金"这一中国式的国号对比之下而提出的,并非与完颜部或女真这样的族名对比而提出的。第三,镔字的本义确实是白金,此外还有孔炉、刑具等含义。特别是刑具二脚镔,如从广义来解释,不能说没有"铁"的意思。

　　关于上述结论,我认为国号"辽"的由来,不是族名"契丹","辽水说"(《三朝北盟会编》)和"镔铁说"(《金太祖实录》)可以解为南宋和女真两方面的不同看法。

② 关于这一点,在本编第三章以下还要详述。

③ 见摩尔根:《古代社会Ⅱ》第四章。

外亲上的特色便有很大的可能是决定名称的因素。在契丹族中能够找到这样的特征吗？第二编第四章曾经特别强调四世纪以前的契丹族尚无固定的居住区域，仍然与不同的种族单位奚族（契丹与奚被说成是"异族同类"，但仍属于同一民族）杂处。居于奚族之间的契丹族，在独立的邻近先进诸种族看来必定会反映出一种特异的形象貌，因此产生"类似奚族的人"、"住在奚族中的人"等不同称呼，以区别奚与契丹，这一点是可以想象的。

另一方面，在研究契丹（ch'i—tan）kitai 这一称呼形式时，显而易见有蒙古语中极普遍的词尾～tan～tai。对于蒙古语以～tan～tai 的语词，谁都能一眼看出这个词尾附在名词后面即构成的形容词。tai 是单数形式，～tan 是复数形式。尤其是从这样构成的形容词，其意义不是表示～所具有的，就是表示"……中具有的"。因此，"契丹"（ch'i—tan）、Ki—tai 如此解释为名词构成的形容词，当然要追究其词根，也就是说，要追究相当于 ch'i（契）ki 的原词，不能不加过问。果真能够发现与此相应的原词吗？

如果这样进行探讨，就可能更容易得出最后的答案。从各个角度来看，因有名词"奚"是最适合的有资格者。其所以适合，第一是语音相通，据高本汉说，契（ch'i）的中古音是奚 K'iei（Hsi）的中古音是 riei，丹的中古音是 tan 因此，"奚丹""契丹"均与 kitan 相通。奚丹 riei—tan＞契丹 kiei—tan＞ktan；riei—tai＜kiei—tai＞kitai。

第二是，如上所述，构成形容词，才开始出现 kitai 与 kitan 的称呼，这就圆满而又合理地说明了同一语词的单数形式和复数形式。

特别是第三，更有资格适合我们所强调的意义。假定奚丹是契丹的原形，那契丹 kitan 的原义，便恰好是"类似奚人的人"或者是"杂处于奚人中间的人"。这一点与前述推断，关于部族名称产生的一般性考察,尤其是关于契丹族名,基于历史环境所提出的推断,契丹也完全符合。[①]

从语音、语义、部族名产生的由来以及 kitai,kitan 两词能自然贯通等各方面来说,可以认为 riei(奚)－tai,riei(奚)－tan 这一说法极为妥贴。此外,还举出一例,以加强上述结论的准确率,那就是义县万佛洞选窟碑文中的"奚丹"之称的用例。

羽田亨博士和田村实造博士在 1935 年曾赴该地实地调查,明确了碑石所书不是以往误传的"契丹",而是"奚丹"二字,原文如下:[②]

> 大魏景明三年五月九日造。尉喻奚丹使员外散骑常待韩贞云云。

固然,迄今一般都把"奚丹"解释为"奚及契丹"。可是,如果虚心考虑这一问题,把"奚、契丹"简称为"奚丹"是很不合理的。就好像单把"契丹"的"丹"字省掉一样,这不但没有条理,而且几乎是甲乙不分。根据这一绝无仅有的史料,似应解释"奚丹"是"契丹"的异译。这样,我的上述论点便有这样一个不可动摇的事实支持着。然而这并不是说,由于这个罕见的事例万佛洞碑文的出现,以"契丹"称呼 kitai 族这种中国文献上的基本用法都被打破。现在还可以再举《册府元龟》一例:

> 宪宗元和五年十二月丁卯,麟德殿召对奚丹使,赐锦绛金帛有差。

---

① 奚族的全称是库莫奚,《魏书》卷一百和《北史》卷九四作库莫奚。但自《魏书》、《北史》以后,通常都用奚字单称,为什么会出现这种情况呢? 我考虑唯一的说明是奚为族名基体,库莫或库莫也不过是修饰词或限定词而已,只能这样解释。恰如铁勒由九姓组成,故称 Toguz－Oruz。西辽国由于强大而被称呼为 kara－kitai 同样,库莫奚反映出蒙古名词 kumaghi(等于细砂、砂粒)因此对于白鸟博士听谓后来的奚种族名本义即在于此,这一说法实难首肯。上述见解如被接受,那么,北魏时代就有"奚"这种简称,作为"与奚杂居的人"、"类似奚的人"的 riei－tan 这一称呼,也有存在的充分的可能性。

② 引自田村实造博士:《唐代契丹族的研究》注二十。

景明三年，即六世纪初叶的万佛洞碑文不用"契丹"，而用"奚丹"，表示 kitai 族这一事实，只要认识到这是同时代的资料未加工论断的，就能得出"奚丹"是 kitai 部族名的最初音译的结论。因为六世纪后半叶的北齐时代所编纂的《魏书》，作为同时代资料的万佛洞碑文相比，要脱半个世纪。其实，"奚丹"这种写法要早在"契丹"之前面，至少最初的音译是使用"奚丹"二字。仅此一点，即可说明 kitai 族名原来的语音、语义都最正确地寓于"奚丹"之中，得出这种结论毫不勉强，而且也能合理地说明问题。

根据上述论证，在中国及蒙古利亚诸种族中，以 kitai、kitan、кцтань（契丹）、kitad（乞塔惕）等形式传留下来的 ktai 部族总称，我推断乃是起源于契丹 riec－tan（类似奚的〔人〕和"居于奚人中的〔人〕）这一蒙古语形容词。不消说，这种形容词应接续第在 irgeh 或 hkümün 这类名词后面的省略形，照蒙古语的通例，虽无名词，而视其有之来使用，因而它的复数变化，始终是作为形容词变化，就是说不能不用－tai、－tan 这种形式，kitai、kitan 这二个系统的称设，可以作为 riei（奚）－tai riai（奚）－tan 的异体来统一说明。另一方面，这个形容词 riei－tan＞kitan 在长年累月作为部族名称使用的过程，就变为固有名词，由此再求其复数变化，即产生 kitan 为单数，kitad（乞塔惕）为复数这样的形式。至于中国用汉字表示此称则是从"奚丹"渐向"契丹"转移，后世就专称以"契丹"，以避免与"奚"混同的理由这是不用说明也很清楚的。

第二章　北朝时期的契丹族——氏族单位时代

第一节　契丹史的黎明

我们知道,《魏书·契丹传》(卷一百)是记述契丹族的最早文献。这一史书虽是六世纪后半纪奉北齐文宣帝之命所编纂,然而远溯于四世纪中叶的契丹族动态。

> 契丹国在库莫奚东,异种同类,俱窜于松漠之间。

参照同书《库莫奚传》,就能清楚地看到四世纪中叶由于前燕太祖慕容皝的征讨所引起的情况:

> 库莫奚国之先,东部宇文之别种也,初为慕容元真(337年—348年)所破,遗落者窜匿松漠之间。

诚然,中国文献开始记载此事,未必表明契丹也在这一时期开始活动,中国方面政治的发展,或者偶然地扩大知识领域,自会出现影响将来的现象。契丹族的情况也是如此。这样看才是稳妥的。因为,《魏书》记载前燕征讨库莫奚,附带也谈及了契丹族的消息。《资治通鉴》有关北燕文成帝太平六年的记载,也完全一样。[①] 如在前篇所详述的,当时他们的内部,作为一个部族尚未占有固定的居住区域,依然处在与奚种杂居的渺小地位。这应该是适合的。

---

① 《资治通签·晋安帝纪》中说。义熙十年五月〔北燕文成帝太平六年(414年)〕河间人楮匡言于燕工(冯)跋曰,陛下龙飞辽碣。旧邦族党,倾首朝阳,以日为岁。请往迎之。……跋许之。以匡为游击将军中书侍郎,厚资遣之。匡与跋从兄买,从弟睹,自长乐帅五千余户,归于和龙。契丹、库莫奚皆降予燕,跋署其大人为归善王。

然而同中国强大的政治力量接触的并不限于契丹族,一般种族在未开化阶段。如果遭到有关种族生存的重大事件时,再不能委诸于只限于自然发展的社会体制,这时的契丹族,以魏武帝亲征(388年)为契机,朝着建立共同区域的方向迈出了一大步。以后跨入五世纪,有时向北燕投降〔文成帝太平六年(414年)〕,或者同太武帝中期(424年—452年)以后的①北魏王朝结为永久性的藩属即朝贡关系。当然,契丹族的进化遗迹不是那么显而易见的。有关他们的图腾崇拜,只留下了 Jala—ga(马)和 Sat—mut(牛)这两个半族图腾,其余氏族图腾都已很快消失。因而结合氏族成员的纽带,便由古风的图腾向氏族祖意识这一方面推移。这又更进一步她连想到本来就是氏族祖所属的土地。在这种思想支配下,直到开始与土地纽带重相结合的动向,使图腾氏族转化为地域氏族的这种地域基础的确立,阻止了氏族分裂,这就很自然地起了使氏族稳定和膨胀,从而可以进行内部统治的作用。

主要是自五胡十六国时代到北朝这一阶段,换言之,就是通过四至七世纪契丹社会的变化,一句话,就是为了适应来自中国诸王朝的政治、文化各方面的攻势,契丹族不能不有所发展。契丹族作为正式成员开始出现于中国正史的外国传,出现在这个时代的《魏书》,这不是偶然的。起初是由于偶然事件。被史籍所采录的契丹族,如今随着记录的增多面增长起来,在《隋书》、《北史》、《唐书》、《五代史》中都占有列传的一个项目,这一事实,比什么都更能证明契丹史黎明期具有的历史意义,我们在这里不能不承认这一点。

---

①《魏书》、《北史·契丹传》说:"真君以来,〔求朝献〕、岁贡名马……"契丹族开始向北魏朝贡,是太平真君年间(440—450年)的事,据《魏书》其朝贡最早见于太延三年(437年)。

第二节　氏族与半族的动向

从史书记载中可以看出,北魏太武帝太延三年(437 年)契丹族始与中国王朝建立朝贡关系,后来虽多少有些变迁——入贡的繁疏一时中断,由朝贡关系进一步变为内属状态——然而无论怎么说,北魏自无待言,即在其东魏、北齐、隋朝也是继续朝贡,特别是在其间曾一度遭到北齐文宣帝的残酷征讨:

> 天保四年(563 年)九月,契丹犯塞,父帝亲戎北讨,……虏十余万口,杂畜数十万头……(《北史》卷九四)

这是对契丹的积极攻势,如果不是为了他们的叛乱,决不会如此大张挞伐,仅仅是窜扰旧境的话,也不过严加斥责而已。这时的契丹族尚未拥有足为中国边患的实力。这在性质上当然是同契丹族社会组织有直接联系,因为所有集团都通过内部团结的一张一弛来决定集团的大小,从而有可能左右其势力的强弱。个人指挥者的才能对于完全极度限制的未开化种族来说,仍是这个内部团结的原动力,这不可能不是社会体制促成的。

至于依然处在势力微弱状态的契丹族,他们同北朝历代统治者都维持着朝贡或内附关系。不过,在这里首先指出的是,他们都以各自不同的集团作为一个单位。他们在北朝末期的情况,正如《北史》、《隋书·契丹传》指出的那样:

> 分为十部,兵多者三千,少者千余。逐寒暑随水草畜牧。
>
> 有征伐则酋帅相与议之。兴兵动众,合如符契。

诚然,契丹族确实是分裂为数个集团,这里所谓十部是否就是全数,虽不能无条件地肯定,但无论如何可以明确契丹族不是单一的统一体,或多数集团的集合体。固然,即便在未开化的种族当中(在成群结队放浪于采集经济的阶段又当别论),也有具备氏族或半族的时候,可是,只要保持氏族或半族,通常都是以部族为单位的集团,人们可能反问,对契丹族来说,分别派生出几个下位集团,是很自然而又当然的事吗?确实如此。但是,在这里我们要说的并不停留在仅仅是构成契丹族内部集团这一实在的静态现象,应当延伸起来,看这些集团相互之间的关系,即将其动的倾向作为问题来研讨。《隋书》就有"其诸部相攻击,久不止"这样的记载。我们追溯一下,所设分为十部的契丹族的下位集团,既然互相攻击,那就不可能是一个在统一的规律下团结起来的契丹族。

然而,虽说种族内部尚未达到统一的地步,那些互相争夺的各个集团也有已经形成氏族或半族和互相攻击的情况,这两者的性质在根本上有所不同,前者是表明契丹部族还未能结成部族这一阶段,后者表明契丹族本身在部族联合体的范围内,尚未取得与此相当的称呼。尤其是关于这个问题,如在第一篇所详述的那样,从原则论的立场来说,已经作过充分的解答了。契丹族是由于耶律和审密两个半族所合成的。现在再次就其具体情况重新加以研讨,更能证实这一结论是不可动摇的。他们有:

(1)共同语言——特定的语言(当是蒙古语之一的特定方言),其使用者的范围是同契丹族成员的范围一致的。《辽史·耶律曷鲁传》(卷七三)有"契丹与奚言语相通"一语,就可以证实。就是说,契丹族同奚族不但是通用一种特定语言单位,同时,由于两者方言相似,还有互相沟通意志的可能性。[1]

(2)单独的名称——这本来是从"异族同类"的种族奚族的名称派生出来的(奚丹〈契丹〉类似奚〔者〕),(杂处于奚中〔者〕)。ktai,kitan 这个名称,只限于这一种族的成员,而且充当全体的总称。

---

[1]《魏书·失韦传》(卷一〇〇)和《北史·室韦传》(卷九四)记载,说奚与契丹言语相通。严格地说,当然可以解释为方言近似:"失韦国(《北史》室韦国同)。"

（3）特殊的宗教观念（神话）——白马、青牛（他们的半族图腾）。由此得出八部同源的传说，后来在八世纪中叶以后才形成的，契丹族祖先神话毫无遗留地使全体成员受到感应。

（4）固定领域——自从四世纪末叶与奚族分离后，据史载，即占有和龙（现在的辽宁省朝阳县）北方故里之地（《魏书》）以及托纥臣水—老哈河域流东西五百里，南北三百里的地域（《隋书》）以及黄水云南即黄龙（和龙）以北三千里的地带，其间虽略有变更，但是这些区域始终作为种族领域而保持下来。特别是《旧唐书》所述契丹族在唐初的位置是：

> 东与高丽邻，西接奚国，南至营州，北至室韦。冷陉山在其国南，与奚西山相崎。

由此看来，这是与其说只是他们的居住地域，莫如说是他们的势力范围，即在这个区域，只承认 ktai 族成员才有狩猎、牧畜的特权。自冷陉山接连奚西山的山岳地带，是这一广大区域的分界线，也是毗连其他种族领域的中间地带（日耳曼诸族之间也有境界林，雅利安印度种族也有境界地，而易洛魁族之间也有中间地带）。

具备了这些条件，才起到使契丹族上升为部族的作用①这决不能和部族联合体相比拟。由此可见从原则论得出的结论是同历史考证结果完全一致的。

北朝中国文献所谓契丹族不统一，至此才能逐渐明确其真象。契丹本来应该属于部族范畴，可是在尚未达到以统一政治组织结成部族时，这个部族内部经常发生分裂、抗争，不消说，这不能不是氏族和半族中集团的对立，关于契丹部的最初记载是：

> 分为十部，兵多者三千，少者千余。（《北史・契丹传》、

---

① 见摩尔根：《古代社会Ⅱ》第四章。

《隋书·契丹传》)①

这里说的十部,至少要回溯到:

　　熙平中(516年—517年)契丹使人祖(《北史》作初)真等
三十人。云云。

《魏书》所记载的这些集团,任何一个都意味着作都族构成分子的氏族,就集团数目来说,这可能是没有异议的。

如果这样认识氏族动向,通过这些连带关系,还能看出有关半族的情况。因为所设半族一般专在宗教、娱乐等方面发挥其职能,这无论如何是在以政治机能为本质的部族组织完备以后的事。在部族团结依然松弛的年代,当然它还可以扮演代行者的角色。尤其是在以氏族与部族结成环节的契丹部中,俨然存在两个半族——弱小氏族,以缺少半族为通例——"由几个氏族所构成的半族的势力,比单一氏族要大得多。"同属于一个半族的氏族间的问题,特别是解决一个氏族同另外一个半族之间所发生的纠纷时——另一半族有杀人行为时,被害氏族首先诉诸于兄弟氏族,通过这个作为半族全体的事件,然后再向加害者所属的半族交涉赔偿,易洛魁族实际上就是如此——这不消说为最有效的。从摩尔根这一说明中,我们可以十分理解,诸民族以团结力量为后盾,对外维护成员的利益或安全,不但已经结成部族,同时也进一步实现了部族联合体制。即在易洛魁族中,半族也能完成这一使命,②从

①《隋书》、《北史》谓:"分为十部,兵多者三千,少者千余。"将此"十部"视为十个氏族,而推断氏族数目则未免过大。因为,十五岁以上至五十岁以下男子皆兵,假定适龄男子人口约占三分之二,即有九千人——三千人之多,这与北美土著平均人口二千人,最大部族 cherkee 族二万六千人(摩尔根《古代社会》第二章第四节)这个数同相比自无待言,即与十三世纪蒙古诸部族的兵数二万九千(多桑《蒙古史》第二编第一章)相互对照,上述数字仍有夸大之嫌。尤其在十世纪契丹帝国时代,契丹军总数不会超出五六万人(《契丹国志》卷二三)《资治通鉴长编》卷五五),因此与《魏书》和两唐书契丹传所说的"大贺氏八部,胜兵四万"这个数字(据此则全 kitai 契丹胜兵,数已加倍,达到八万以上)相比,也都不能不认为过于夸张。

② 见前引摩尔根书Ⅱ第三章。

这里可以充分看出半族在部族团结未能发展阶段的职能。那么具体说到契丹族，又将如何？

在契丹部族中半族政治活动的显明迹象，由《隋书》和《北史》的《契丹传》略能窥见一斑：

> 当后魏时，为高丽所侵，部落万余口求内附，止于白狼河。其后为突厥所逼，又以万家寄于高丽。开皇四年（584年）率诸莫贺弗来谒。五年悉其众欵塞，高祖纳之。听居故地。六年其所部相攻击，久不止。又与突厥相侵，高祖使使责让之，其国遣使诣阙，顿颡谢罪。其后契丹别部出伏等背高丽，率众内附，高祖纳之。安置于渴奚那颉之北，开皇末，其别部四千余家背突厥来降。

开皇四年（584年），附隋的契丹族集团，如上文所述，清楚地表明是几个部族形成的联合集团。特别就这一点而言，例如在魏太和三年（470年）以部众数万口，车三千乘来投的莫贺弗勿子集团（《魏书》），从其生口数量来推断，毕竟不能考虑为单一氏族集团。可是所说的"万余口，三千乘"这个数目是否可以置信，则不无问题，例如就上述北齐文宣帝天保四年（553年）亲征也是以"虏十万余口，杂畜数十万头"夸大战果的报道。还有大业元年（605年）对契丹族的讨伐，亦谓"层获其男女四万口"。从诸如此类的记载来判断，能确认为几个氏族集团联合体的实例，不妨举出开皇四年（584年）内附的集团乃是最初的一例。这是很重要的。因为紧接着又有出伏等率领的别部，更有开皇末投降的其他别部，这些氏族集团确实是契丹部族的一部分。但决不是它的全体。说到契丹部族的一部分而且本身也是几个氏族联合集团时，虽不能完全肯定，按一般来说，半族在这里起到一定作用，这样估计可能不致过早。

我通过契丹族与隋王朝之间结成的内属关系，对于契丹族半族的动向，尽管很概括，还能勉强地找到一些头绪，现在要略设一下与此有关的唐羁縻州的玄州和辽州起源问题。据《旧唐书·地理志》，设置玄州的情况是这样的：

> 玄州，隋开皇初置。处契丹李去闾部落。万岁通天二年，移于徐、宋州安置。

《新唐书·地理志》也有此记载，内容似与《旧唐书》相同，但实际有很大出入：

> 玄州，贞观二十年以纪主曲据部落置。

尤其是《新唐书》这一简单记载，有两处是错误的。参阅《资治通鉴》卷一九七的有关记事，就能看出：

> 贞观二十二年四月已未，契丹辱纪主曲据率众内附，以其地置玄州，以曲据为刺史，隶营州都督府。

错误当然要依照这一记载改正。尽管如此，仍然不能掩盖与《旧唐书》有出入的地方。关于两《唐书》的记事，如果不欲其矛盾继续保存，就必须批判地选择。在设置玄州这一问题上，《旧唐书》的记载是孤立的。相反，《新唐书》的记载则与《资治通鉴》吻合，当然要以此为据。然而对《旧唐书》完全置若罔闻也不妥当。因为《旧唐书》也一定会有根据，孤置"设置玄州"于不论，应该承认开皇初年要插李去闾部落是事实。李去闾所统率的这一集团其性质如何，如果参照一下设置辽州的经过，从保持均衡这一点来看，在某种程度上是可以类推出来的。

关于辽州的设置，两《唐书》记载，是几乎一致的：

> 威州本辽州，武德二年，以内稽部落置。贞观元年改名。初治燕支城，后侨置营州城中。（《新唐书》卷四三下）

> 威州，武德二年置辽州总管，自燕支城徒寄治营州城内。七年废总管府。贞观元年改为威州，所领户契丹内稽部落隶幽州大都督。（《旧唐书》卷三九）

这里，再参照大同小异的《契丹传》所述，就能大致弄清：

武德中，其大酋孙敖曹来朝，而君长或小入寇边。后二年，君长乃遣使者上名马。(《新唐书》卷二一九)

又契丹有别部酋帅孙敖曹、初仕隋为金紫光禄大夫，武德四年遣使内附，为辽州总管。(《旧唐书》卷一九九)

这就是内稽部酋帅孙敖曹仕于隋的事，这在武德初年，辽州改为威州，似乎是以后的事。

这里，李去闾和孙敖曹这二位契丹酋长，他们统率的李姓和孙姓，不言而喻，当然都是中国姓。关于这两个中国姓氏，如在下章所述，可能是唐代契丹族的二大血缘集团即半族的中国式血缘称呼。因而李姓和孙姓是两个半族的代名称，他们的酋帅李去闾、孙敖曹，当然应该视为具有代表这两个半族的资格。① 事实上，在记载中只有孙敖曹被称为"别部之酋帅"，或称统辖各君长的"大酋"等等，这充分显示出他的地位。当我们讨论至此，两《唐书》有关契丹半族动项记载，尽管隐约不明，但正确分析即可看出可以追溯到隋代几个氏族所形成的联合集团，就是说，溯及更早记载半族动态的《隋书》、《北史》、两《唐书》与此也是一脉相通。换言之，关于契

---

① 两《唐书》关于于开皇初年(有的只含糊说在隋代中)安置契丹两大半族代表李去闾、孙敖曹内附部落的叙述，当然同《隋书》、《北史》的有关记载应该是一致的。如果这样考虑，再来研究《隋书》本纪和《契丹传》就能发现自开皇初年(可以放宽尺度解释为元年)到十年，与此条件相适合的事例有下列两项："开皇四年五月癸酉，契丹主莫贺弗遣使请降，拜大将军。""开皇五年四月甲午，契丹主多弥遣伸寄方物。"

《隋书》在《契丹传》中说："诸莫贺弗来谒。"翼年收其部众要插于故地。这是一名半族的代表。相反，《北史》无此记事，如果《隋书》中也有李去闾、孙敖曹的记载，那就不能不说前者的可能性较大。可是这里，所设拜大将军，与《唐书》所说"仕于隋，为金紫光禄大夫。"孙敖曹的经历相比，颇引人注意。据《隋书·百官志》记载，"上大将军，尚书左右仆射，雍州牧，金紫光禄大夫，为从二品。大将军……为正三品。"这两个官职，都是从二品或正三品，官阶略同，因而孙曹拜为从二品金紫光录大夫。与其等级相同——作为半族代表，一方为孙姓，另一方为李姓。这二方面具有同等资格——在《唐书》中，虽然看不到有关李去闾的记载，但可以想象被隋王朝授于大致官阶相等的职位，《隋书》谓开皇四年五月授于正二品官阶大将军的另一位，半族代表率领几个氏族长晋谒者是否可以推测为李去闾其人呢? 这是会产生此种联想的。因为没有确实可靠的证据，还不能断定，但是只从概然性来说，这一推测也不是不可能的。

丹半族的动态,从《隋书》、《北史》得出的结论和从两《唐书》得出的结论完全符合。

契丹族的黎明期历史,在进入北朝时代以后,除了氏族的动态外,还能逐步探索出有关半族的消息,沿着这一途径,就能进一步得到补充这一事实的手段。在这里,我们需要提出莫贺弗、辱纥主的问题。

第三节　莫贺弗和辱纥主

莫贺弗和辱纥主作为契丹族首领的称号,屡见于自北朝到唐代的文献。尤其是这种称号并不限于契丹族,也通用于毗邻的室韦、奚等。他们原属同一语族①,当然会有共同的语汇。现在虽未发现不同之处,但对这二个名词具有共同点这一事实,应当十分注意。就是说,这一称号已非单纯的普通名词,两词已经发展为部族内部或特定集团首领所专用的特殊官称,因而被不同种族如契丹、奚、室韦所共用。从这一点来说,关于莫贺弗、辱纥主二语的原义,不能从已经特殊化的官称,而应从在此以前的普通名词中去探索。

兹据此见解来试拟莫贺弗、辱纥主的语源。关于前者,白鸟博士已提出大体上已接近定论的解释:莫贺弗(中世音为 mâk—kâ'—piuet)的莫贺是词干,蒙古语意即"强健"(baxö, büxö, bexi)弗是词尾,即突厥官称,要言之 baga—put 就是突厥,蒙古族共同使用的"勇者"的称设,与 baraur、batur 同义。田村实造博士赞同此说②。迄今似乎还没有人提出其他不同的说法。

至于辱纥主(中世音为"ŋʒi̯ʷok—kuət—tsi̯u)之称,松井教授认

---

① 如前章听述,关于这一点,是以《魏书》、《北史》的《室韦传》及《辽史·耶律曷鲁传》为依据的。

② 白鸟博士:《东胡民族考》九(《史学杂志》第二十三卷三号)。同上《室韦考》(《史学杂志》三十卷八号)田村博士:《唐代契丹族研究》(《内蒙丛书》)。

为,这是通古斯语名词"长者"(nogu)的对音,①这种说法,第一,不是用蒙古语说明;第二,不能反映出辱纥主这一名词的全音。有此两点,至少不能令人信服。在这里,可以推测为契丹族的普通名词,而且找出其中古音的语源。我以为,这是由相当于蒙古动词"用亲爱之情所结成的"。nügüčekü;être lié da′mitié,être en liaison,se r′eunir a′ qn 转成的充为形容词,nuguce－kü 就是说在动词的语根上附以 kü,metü 的接尾词转成为"应和其动作相适应的"。"引起这一动作"含有这样意思的形容词。在表明"亲戚的"、"同伴的"这一形称词上连接名词,例如,像把 hümün 省略,作为名词来使用时,"有亲戚关系的人"、"同一血族集团的成员"这一语,就是 nügüčekü 这恰恰反映出来辱纥主方面。ŋȝiᵘok－kuət－tsi̯u＞nyo－kuə-čiu＞nügüčü＞nügüčekü 这时,从同样动词转成为名词的 nügüče－Ⅰ中,含有"同伴","亲属"的意义,应参考。

所设莫贺弗在《魏书》、《北史》中屡次出现,"莫贺弗何真奉献","莫贺弗勿于率其部落车三千乘众万余口求入附","率莫贺弗来谒。"相反,辱纥主则主要是见于两《唐书》。贞观二十二年契丹辱纥主曲据率部内附。""贞观二十二年契丹窟哥内属云云即以其〔八部〕辱纥主为之刺史。"两者都指契丹族内部诸集团的首领。这一点并无二致。这个部族内诸集团的首领等,各自使用了莫贺弗、辱纥主的称号,如果承认称号的语源是出自"勇者"、"同族者"这样的普通名词,其中含着什么样内部关系呢?关于这一点,我想依据摩尔根关于易洛魁族的报道说明契丹族的情况。

易洛魁的氏族与半族而尤其氏族之间,由氏族成员的选举的,平时酋长(saehem)和军队指挥者是并存的。其中酋长(Sachem)非经过氏族选举不可。并且若有空缺,随时补选,不能久悬。相

---

① 松井等:《契丹勃兴史》(《满蒙地理历史研究报告》)。

反,军队指挥者可从氏族外选拔,出缺时并不立即补充。就半族而言,酋长与军队指挥者则全由成员选举,也可由成员自由罢免。这一点与氏族完全相同,只是有关资格和出缺补选问题。摩尔根未曾言及。半族本来是由永久性的外婚关系相互结成的集团,当然可以想象他们会保持异常的亲密关系,可是他们也常因憎恶和猜忌而互相敌对,实令人不无奇妙之感,同时在社会评价方面,也往往显出一方要凌驾于另一方之上的特征。① 就易洛魁族而言,半族的酋长及军队指挥者死亡以后,其继承者从前任者的氏族中选出,然后再请求半族承认。这时,属于同一半族的诸氏族在承认这一事实时,往往出现遭到对方即另一半族反对的情况。② 这一点,即在氏族的场合也从来不认可酋长由另一氏族中选出,不能想象半族会承认,在选举军队指挥者方面,半族与氏族有所不同,这也可能限于在自己的半族成员中选举。

易洛魁族在未开化的中期和末期,同古代契丹族对比是绝好的例子。易洛魁族的每一氏族成每一半族都有酋长和军队指挥者各一人,与古代契丹族内诸集团中所看到的两种首领即莫贺弗和辱纥主对比,是否适合呢?莫贺弗的对音是"勇者",如果像称号那样,它与指挥军队的战时酋长相当。那么,辱纥立当然可以比拟为平时的酋长了。辱纥主的原义是"同族者",nügüčekü,这一点,有非常深远的意义。不言而喻,对于军队的司令官不一定有过分的要求,但是对于酋长,必须具备一定的条件或资格(严格限制非本集团的成员不可)。辱纥主便有符合这种情况的记载,如把易洛魁族的酋长和军队司令官比拟为古代契丹族的辱纥主、莫贺弗来考虑,这个保持两长制的集团范围,当然可以延伸到古代契丹族。不论是契丹内部的多数集团,还有几个居于统辖地位的上位集团,都

① W·里韦斯:《社会体制》第二章。
② 摩尔根:《古代社会》Ⅱ第三章。

以辱纥主和莫贺弗作为首领的称号,通过这一事实,即可弄清古代契丹族的社会构成。易洛魁族的酋长和军队司令官是氏族和半族所共有的两酋长,契丹族内部集团的性质,也受到同样限制。

古代契丹族虽然是占有共同领域,而大体具备作为部族的条件,但在实质上,充其量也不过是半族的团结,远未发挥其经营部族政治统一的正式职能。北朝时期的契丹族内部各集团互相抗争内哄,也有个别的集团向中国朝贡。由此即可清楚地看出远未实现部族内部的统一。处于在这一阶段的契丹族,还未拥有可能成中国边患的实力,勿宁说与此相反,他们是依偎于中国、突厥、高句丽三国之间而处于附庸状态。

第三章　唐代的契丹族——大贺氏
契丹与胞族的对立时期

第一节　李姓契丹与孙姓契丹

如前所述,唐代契丹,属于李姓和属于孙姓的两个族团是并存的。其中李姓契丹的起源较为清楚。两《唐书》的《契丹传》都有一致的记载:贞观十三年(639年)契丹族大首领李窟哥举其所部内附后,唐赐以国姓。对于内属的外族酋长赐以国姓,如同授官爵一样,无非是酬其归顺的一种恩典,同时也是一种羁縻手段。这与奚族酋长可度者、靺鞨族首领突地稽的情况完全相同。唐代契丹族酋帅李窟哥被赐予国姓后,从此一族子孙皆冠李姓,这虽说是宗王国唐王朝的一种殊遇,但不能不看到官爵和国姓在意义上有很大的差别。因为官爵虽准许世袭,从现实来说,依然贯穿着授予个人的单一姓。至于国姓则与此相反,不一定有那样的限制,从姓氏本质上勿宁可以说是超出适用于个人的范围,当然,这不能不说从一开始就可以预料到。例如,就松漠府都督来说,这一官职只限于李窟哥一人,其兄弟子孙(包括同族)都不许有此称号(当然,这些近亲者,同时有被授予羁縻州刺史等官爵者,但毕竟是与松漠都督不同的另一种官爵)。同属恩宠标志的国姓则与此相反,是很开放而普及的,多数人都能同时有此称设。换言之,前者有涉及权力的性质。后者只能是与氏族制有关,这是二者不同之点。

通过代表者窟哥被赐予国姓——李姓,虽然不限于窟哥一个人,而是广泛地使用于大众之中,但是这种开放并不意味着毫无限制。如果契丹族的任何人一律都冠以李姓，这就忽视了契丹共同体的社会原理，而且也不能不说脱离了中国习惯上有关姓氏的本质。正如后来结成的部族那样，不能包括在单一血缘这一范围之内，就是说，有二个半族构成二分制社会组织为基干的社会集团适用于李姓的范围，最大限度不过一个半族，最小的限度则仅止于一个宗族（结合家族）。

　　李姓契丹论述至此，似很简单而无任何问题。但是要再向前进进一步，由此找出正确的适合范围，却是很不容易的事。就是说要把"属于五服之亲"的血缘者之间的义务关系（应该说是权利、义务，但具有正式意义的所设权利，则不存在于严格的父权制家族，按照长幼之序使其层次分明，秩序井然，这是最高目的。还有充分机能的中国姓氏，[①]在氏族制巩固的契丹，没有原封不动采用的必要，即使采用也不一定确切，因此，随着赐以国姓而采用李姓的事实也许完全是多余的。若从记载中去探索李姓契丹的范围，其本身就有很大的局限，例如假定某一契丹人称为李姓，他当然不可能在中国姓氏的本质上而姓李，这是因为他们的氏族制对于所有的血缘者（氏族、半族的成员），都给予同等的保护，也提出同等的义务。所以不但没有必要在他们之间设定所设"五服之亲"的特定范围，也不能想象只对上着重提出义务的规范。李姓的契丹是以同氏族或半族都有同样意义而使用此姓的。如果是这样的话，他们

----

① 中国的姓和氏，开始也是产生于半族或氏族。后世姓和氏混而为一，而且变为单纯的宗族（综合家族）。这不只是蕃姓的混入和外族冒称汉姓这一外因所引起的，而且也是原来氏族社会的意义已经消失这一内因。基本上起作用的结果。只是在这个时候，同姓不婚的习惯仍长期继续，姓氏本来的面貌仅止于此。正因为有此习惯，对后世的姓氏，就不能赋与原来的氏族机能。这是因为就像郑樵在《通志》氏族略中所说的那样：

　　"氏同姓不同者，婚姻可通。姓同氏不同者，婚姻不可通……"

　　氏完全属于宗族一类，已不复有氏族的本质，因而不能作为族外婚单位。不仅如此，还有同姓同氏不婚的习惯正在沿用，这个制度不是异族结婚的形式，姓氏也不意味着 sib，这一点是必须明确的。

就没有特别不得不称为李姓的任何理由。在这方面,李姓对他们来说确实是多余的,一般契丹人的大多数对于这个多余的东西当然是漠不关心的,契丹人没有任何妨碍,大部分都不用李姓,文献流传下来的李姓契丹仅属例外,而且这类记载传至现在的又有哪些呢? 查阅文献所得结论,往往对于契丹李姓,有可能认为是特殊宗族的专有物,对此不能不十分警惕。

史书有关李姓契丹的记载共有十多余条,①单从数目来说,还不能说是"屈指可数"。但在实际上,无非都是些个别的记载,仅仅涉及李窟哥一族几个人的所属,因而令人产生所设李姓契丹就是李窟哥一族的专称之感。如前所述,要知道,可称李姓而不称李姓(至少在文献上未称李姓)的契丹人同冠有李姓者相比,有数倍之多(例如在李窟哥一族中,不冠李姓而仅用契丹名字之记载也不少),这样看来,史书记载的十多条李姓契丹,是否只限于宗族,或者扩展到半族呢? 为了弄清这一问题,我在这里举出李失活的情

---

① 现举李姓契丹各例如下:

李窟哥——初代松漠都督(两《唐书·契丹传》、《册府元龟》卷九九五、《通鉴》卷一九九)

李枯莫离——归顺王弹汗州刺史(两《唐书·契丹传》、《册府元龟》卷九九四)

李尽忠——三代松漠都督(两《唐书·契丹传》、《册府元龟》卷九六七、九七三、九七七、九八六,《通鉴》卷一九九)

李失活——四代松漠都督(两《唐书·契丹传》,《册府元龟》卷九六四、九九九,《通鉴》卷二一一)

李娑固——五代松漠都督(两《唐书·契丹传》、《册府元龟》卷九六七、九七一、九七三、九九九,《唐会要》卷九六)

李郁于——六代松漠都督(两《唐书·契丹传》,《册府元龟》卷九六四、九六七、九七五、九七九)

李吐于——七代松漠都督(两《唐书·契丹传》)

李邵固——八代松漠都督(两《唐书·契丹传》,《册府元龟》卷九六四、九六七、九七一、九七五、九七九、九九九,《通鉴》卷二一三、《唐会要》卷九六)

李过折——开元时代兵马官(两《唐书》,《册府元龟》卷九六四,《通鉴》卷二一四)

李遇折(同上)——(《册府元龟》卷九八六)

李承嗣——开元时代大首领(《册府元龟》卷九七五)

李润池大首领(同上)(《册府元龟》卷九五七)

李阔——开元时代大首领(《册府元龟》卷九七一)

李可与——后晋时代宫苑使(《册府元龟》卷九八〇)

李赞华——东丹王《册府元龟》卷九八〇、九九七、九九八、一〇〇〇,《五代会要》卷二九)

况。

　　李失活是万岁通天元年(696年)第三代松漠都督,李尽忠(李窟哥之孙)叛乱失败后,投奔突厥的契丹首领。东突厥帝国衰微之际,他于开元四年(716年)①重又归顺唐朝,承袭了第四代松漠都督的职位。关于李失活的世系,两《唐书》《契丹传》都说他是李尽忠的从父弟,我们首先要注意到,像从父弟这样的亲属关系,在中国亲属结构中并无严格的意义。这是因为,"李窟哥有二孙,曰枯莫离,为左卫将军,弹汗州刺史,封归顺郡王。曰尽忠,为武立大将军松漠都督"(《新唐书·契丹传》)。据此李窟哥只有两名直系孙,李失活等同辈五人,对李尽忠来说,正如文献记载也不过是同祖兄弟而已。(参看系谱)这里所设的从兄弟,不言而喻,是指分类或亲属关系中所共有的亲属称呼"兄弟"(同辈行的兄弟)而言,就是同一祖宗的子孙之间,同辈者的一般称设。首先明确了把李窟哥与李失活的关系(虽说是孙,但并非直系),意味着一般孙辈中的一员,由此再推断李失活所属的氏族,这个难题只有唯一的线索可寻,那就是他的名字所显示的特征。

　　李失活的名字是失活,这同一个著名的契丹氏族名完全一致。《旧唐书·地理志》说:

　　　　信州,万岁通天元年置,处契丹失活部落,隶营州都督。

　　二年迁于青州安置。神龙初,还隶幽州都督。

　　这里的失活部,就是这个失活部。② 关于这一氏族,只在下一

---

① 关于李失活叛离东突厥重归于唐的年代,《新唐书·契丹传》说是开元二年,《旧唐书》则说是三年,根据突厥点啜可汗征讨拔曳固败北,从而使帝国开始崩溃的年月,应从《通鉴》四年之说。

② 《新唐书·地理志》关于信州条说:"信州,万岁通天元年,以乙失活部落置。"谓此即乙失活部羁縻州则是错误的。《新唐书》仅说明乙失部的初设,(这个说明也有谬误,容在次节详述)此外,并未涉及后来的沿革,简单记载的《旧唐书》则与此相反,而言之颇详:"带州,贞观十九年,于营州内置。处契丹乙失革部落,隶营州都督。万岁通天元年,迁十青州安置,神龙初放还,隶幽州都督。"

　　这就是说,信州和松州是两个不同的羁縻州,与万岁通天二年李尽忠叛乱时的沿革相仿佛。特别是由于失活部同乙失活部名称有共同之处,把二者混为一谈,是《新唐书》弄错的原因。

节所详述的那样,乃是李姓契丹的主要氏族。其首领李窟哥被任命为松漠都督。

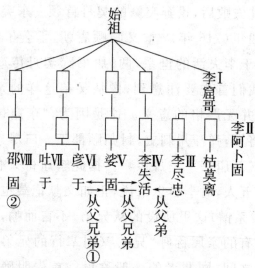

①《新唐书》谓娑固为失活之弟,此从《旧唐书》作从父弟。

②《旧唐书》谓邵固为尽忠之弟。《新唐书》未言其关系。但本文明言窟哥只有二孙,则邵国并非尽忠之弟,这里是以其为从父弟的同时,本文一分为二,称大失活部(乙失革部)和小失活部(析纥便部),其氏族来历便是这样。失活部又作蜀活部(中古音 zi^wok－ruat)(《曲江文集》卷八)。实活邸(部)(中古者 $d'z^c$iet－ruat)。《汉高祖实录》)。这个氏族名使用了李失活的小名,究竟用意何在呢?

按图腾的本质来说,本来,"最重要的是名称,其次才是徽章"。① 可见氏族的名称绝对不例外,人冒称"因为氏族名本身就是氏族权的授予"。在只有名字而没有姓的未开化人(易洛魁人之间),这个名字在同一家族的相互关系上,虽无任何启示作用,但就

---

① 杜尔克姆:《宗教生活的基本方式》第二章。

所属氏族而言则为一种标志①,对于东亚北方诸氏族也许不适合这一原则,但是氏族成员把他们的氏族名作为自己的名字,其例子并不是太少,据《元朝秘史》,乞颜氏族合不勒合罕的子孙有相当于成吉思汗伯父的忙格秃乞颜,还有他的父亲也速该乞颜。当然,不能说人人如此,但是用外族名称作为名字的例子是绝对没有的。结论是某一成员的名字中可以不用自己所属的氏族名(想用氏族名,并不是不能用,只是不用罢了)。但是,氏族名只要用于个人名字之中,那就说明这个成员与氏族之间,不会没有不可分割的关系,说到这里,自可决定李失活所属的氏族。

贞观二十二年(648 年),为嘉奖乙失革氏族首领李窟哥内属之功,唐朝曾赐国姓即李姓(窟哥属于乙室革氏族,下节再论证)。此姓后由窟哥的子孙继续旋用,自无待论。另一失活氏族也用此称设;他们虽属两个不同的氏族,但却是属于同一始祖的兄弟氏族。明确上述两个事实以后,我们就能毫不踌躇地断定李姓契丹的范围,这不消说,既非单一宗族,也不是一个氏族,实际上是全体半族。

李姓契丹的范围可以这样确定,与此相反,孙姓契丹资料十分缺乏,问题的考证就很困难。绝无仅有的五个事例,只有一例与其系谱有关:孙敖曹——○——孙万荣(据《新唐书》《旧唐书》作曾孙)。孙姓契丹的来历,不像李姓契丹那样能够明确判断出来,据《旧唐书·契丹传》:"李窟哥授松漠都督其孙(应从《新唐书》改为曾孙)枯莫离亦受爵。"

又契丹有别部酋帅孙敖曹,初仕隋为金紫光禄大夫。武德四年,与靺鞨酋长突地稽俱遣使内附,诏令于营州城傍安置。授云麾将军,行辽州总管。

---

① 摩尔根:《古代社会》第二篇第二章。

这是有关孙姓契丹的最初记载。武德四年(621年)孙敖曹任辽州总管一事看来,可联系说明羁縻州威州的《地理志》来考察:

> 威州,武德二年置辽州总管,自燕支城徙,寄治营州城内,七年废总管府。贞观元年被改为威州。所领户契丹内稽部落,隶幽州大都督。(《旧唐书》、《新唐书》与此大同小异。)

可是,关于任命辽州总管的年代,《地理志》和《契丹传》分别作武德二年和四年,说法并不一致。因无可资订正的资料,且与下文的论述无关,姑置不论。我们根据上述记载,可以说孙敖曹是内稽氏族的首领,他早年就内附隋王朝,因而对于建国伊始的唐王朝,未能建立同隋一样的关系。我们弄清这一事实,也就足够了。这个孙敖曹之孙,就是与李姓契丹总帅并袭第三代松漠都督的李尽忠同心协力于万岁通天元年(696年)共同发动大叛乱的孙万荣。据说他的官职在则天武后垂拱初年是右玉钤卫将军、归城州刺史、永乐县公。关于孙姓契丹只有这些概略的记载。

上述可见,关于孙姓契丹的来历非常模糊,也无从揣测。记述武德四年孙敖曹内属的《唐书》,既称孙姓,可见其起源可追溯到隋代,也许这是以后的追称,在道理上,也是十分有可能的。李去闾就是一个最恰当的事例。李姓契丹的来历是从贞观二十二年(648年)赐李窟哥以国姓开始的。这当然勿庸置疑。隋代的契丹族则不可能有冠以李姓者。不但如此,附所记开皇四年(584年)与《隋书》确实相当的地方。不可能出现李姓契丹,但有契丹酋帅李去闾的名字,这不是后来的追称又是什么呢(当然不能一概而论)?尤其面对着如何决定唐代孙姓契丹的范围这一课题,关于孙姓起源问题,不一定必须急于解决,更重要的是弄清楚孙万荣所率领的集团是否仅限于内稽氏族。对于这个问题,能够提供的资料是,第一,他内附隋王朝以后被授金紫光禄大夫;第二,归顺唐朝后官拜辽州总管、云麾将军。对内属外族首领授官,尽管说是名义问题,可是从二品金紫光禄大夫的爵位看来,不能不说在某种程度上反映出孙敖曹有权势。特别是在开皇四年(584年)五月,率领诸莫贺弗入朝的契丹族半族首领,仅官拜正三品大将军,这与孙敖曹相比颇有逊色。两相对照,就官职均衡而言,孙敖曹统率的集团不可能只是一个氏族,他受唐朝从三品云麾将军这一散职而任营州总管。这个总管,据《新唐书·百官志》(卷四九下)是:

> 武德初,边要之地置总管,以统军,加号使持节,盖汉刺史之任。……七年改总管曰都督。总十州者为大都督。贞观二年,去大字……

这就是后来都督的前身,如此就会发现他与李姓契丹总帅李窟哥有对等的官职。据两《唐书》《契丹传》,率领八部的半族首领李窟哥于贞观二十二年(648年)内属后,官拜从三品左卫将军,为松漠都督,同孙敖曹由隋、唐两朝所授官职相比,就能明显地看出他们都是半族的代表,有同等的资格和地位。《新唐书》中恰好还能看到与此结果暗合的一段记载:

> 武德中,其大酋孙敖曹与靺鞨长突地稽俱遣人来朝。而君长或小入寇边……

这段记述相当暧昧。虽然如此,倘若理解为孙敖曹的命令不出内稽一部以外,则如何理解"君长或小入寇边呢"?然而这样理解就能顺理成章地说明,其孙辈孙万荣与同时代的李姓契丹总帅李尽忠相呼应,动员全契丹种族发动一次大叛乱的经纬。

在全契丹族范围内,只能找到李、孙这两个汉姓,至少在文献上再也找不到第三个,尽管系谱关系不清,具体事例也极少,但孙名契丹的存在,还有开元六年(718年)契丹降人孙骨纳(一言纳)(《册府元龟》卷九四七、九七七)、广顺二年(952年)孙厘勋和孙章等为依据,可以查书自唐到五代的一些踪迹。这比什么都更能说明孙、李姓契丹确实把契丹族分为两个半族?根据上述情况,我把孙姓契丹也大致假定为相当于半族的一个集团。

构成契丹种族的二个半族,其虽还属于假定,如果大体上认定为孙姓契丹和李姓契丹的话,那么,作为这种两体制的典型现象的相互族外婚,当然没有不存在的道理。如能得到这样的实证,上述假定就能变为千真万确的事实。我仅从这一观点出发,重新翻阅了有关的必要文献,很幸运地发现了唯一与此相合的重要事例——此即《新唐书》失载的,《旧唐书·契丹传》在叙述李尽忠和孙万荣的叛乱时所记述的孙李婚姻关系:

> 万岁通天中,〔孙〕万荣与王妹婿松漠都督李尽忠,俱为营
> 州都督张翩所侵侮……

这一段记载在最重要的地方可能有误,颇令人费解,这就是"王妹婿"三字,《资治通鉴》的记载无此"王"字而迳称:

> 〔李〕尽忠〔孙〕万荣之妹夫也。

《通鉴》这样说,不一定有其他可靠的根据,可以推断如不这样改正则文理难通,《资治通鉴考异》未涉到这个改正。毕竟这样改正不能说是不对。这是因为"王"字在文理上不能认为是衍字而无疑是错字。如果能把"王"字活用,在这里不解作"王的妹婿"而解释为"〔松漠郡〕王妹婿"的话,虽然多少有点死板,含义同样能够畅达李尽忠封松漠郡王一事,遍觅史书皆无此记载,可是李尽忠任松漠都督在武后年中,在松漠都督府管下拜弹汗州刺史的李枯莫离(李尽忠的从兄弟)同时被册封为归顺郡王,作为都督的李尽忠没有封王,在情况上是怎么也说不过去的何况继承李尽忠的第四代松漠都督李失活以下都是世袭的松漠郡王,由此看来,李尽忠的王爵问题就很自然而又合理地得到了解决。上述三个难解的字,特别是那个"王"字,也就是旁证。

李尽忠之妻系孙万荣之妹,这一事实纵然是绝无仅有的一例,但也能全面说明李姓契丹和孙姓契丹之间的婚姻关系。众所周

知,马半族耶律和牛半族审密的相互族外婚,在成立所设辽帝国的十世纪后并未消灭,那是牢不可破的习惯。在纯粹的氏族制多少遭破坏的时代,尚且如此,何况在氏族制几乎没有发生动摇的七世纪末的契丹社会。出现例外的婚姻形式是不可能的。现在如果说李姓契丹确是一个半族,那么在半族为单位推行族外婚制度的情况下,与对方通婚的孙姓契丹当然不可能不是一个半族。

隋唐时代(严格地说,不能不认为是从唐代开始),出现在史乘上的李姓契丹和孙姓契丹及其成为相对的半族集团的情况,已如上述论证。其次就要提出如何决定哪一方是马半族和哪一方是牛半族的问题,作为事前的准备,首先不能不弄清李姓契丹和孙姓契丹的构成。

第二节　李姓契丹的组成——
所设松漠都督府八部

最初涉及契丹内部具体组织的文献是《隋书·契丹传》(《北史·契丹传》),此谓十个集团组成"十部契丹"。至于其中各个集团是否都处于同等地位,无一语道及。所设十部是否即当时契丹族内部集团的全部,或者只限于中国方面所知总数,尚未明言。正因有此局限性,"十部契丹"所反映的形象,难免有些模糊不清。不过即便不是契丹种族的全部,至少是一半的话,无论怎么说提供了内部集团确实数目的记载是很可贵的。两《唐书》记贞观二十二年设置松漠都督府,把李姓契丹分为八部。《新唐书·契丹传》中说:

> ……未几,窟哥举部内属,乃置松漠都督府。以窟哥为使持节十州诸军事、松漠都督,封无极男,赐氏李。以达稽部为峭落州,纥便部为弹汗州,独活部为无逢州,芬问部为羽陵州,

突便部为日连州,芮奚部为徒河州,坠斤部为万丹州,伏部为匹黎、赤山二州,俱隶松漠府,即以辱纥主为之刺史。

据上述记载,李窟哥率其麾下全部集团内属后,在唐朝新授官职松漠都督的名号下,可以统辖达稽、纥便、蜀活、芬问、突便、芮奚、坠斤、伏部等八个氏族(九个州)。与"使持节十州诸军事"的称号比较,还缺一个州。尤其是缺少他直辖集团的本部,为想补足这州时,也许可能将都督府这一机构也计算在内来大致解决,可是对于李窟哥本部,即使用同样办法也终究不能解决,而依旧要作为一个问题保留下来。关于八部李姓契丹这一重大问题,田村博士曾以纥便部一分为二来解释①。他引《新唐书·地理志》谓弹汗州(纥便部)的后身是归顺州归化郡之说:

归顺州归化郡,本弹汗州。贞观二十二年,以内属契丹别帅析纥便部置。开元四年更名。

认为"内属契丹的别部出纥便分出,并置弹汗州",纥便部分为二个集团,一是弹汗州,另一为李窟哥本部。在《册府元龟》中也可看到关于松漠都督府的异文:

贞观二十二年十一月,契丹帅窟哥。奚帅可度者并率其部内属,以契丹为松漠督府,拜窟哥为使持节十州诸军事,又以别帅达稽部置峭落州,析纥使部置弹汗州,独活部置无逢州,芬问部置羽凌州,突便部置日连州,芮奚部置徒河州,遂斤置万丹州,伏部置疋黎。赤山二州,各以其酋长辱纥主为刺史,俱隶松漠焉。

问题所在"义以别帅析纥使部置弹汗州",一语,"析纥使"可视为"祈纥使"之误,可以解释为"又以别帅祈纥便部置弹汗州",这便与

---

① 田村博士:《唐代的契丹族研究》。松井教授认为,关于松漠都督府管下的八州,据《新唐书·地理志》记载,在这里松漠府的组成同《新唐书·契丹传》所述相比,无弹汗洲(纥便部),而只有七部八州,不包括纥便部(弹汗州)。这一不同说法,已被田村博士彻底批判,是不能成立的,故本书不取。

《新唐书·地理志》的记述相合。

认为构成李姓契丹八部中的某一部（这里说的是纥便部），析为二部，一为李窟哥所直辖的本部，另则为八部之一，这是一个非常卓越的见解，我在大体上赞同。只是在细节问题上还有些不同的看法。我认为一分为二的不是"纥便部"，而是"析纥部"。其理由如下。

内属于唐王朝的各集团，每个集团都是作为羁縻州而安置的。羁縻州松漠都督府管下有十，两《唐书·地理志》曾一一列举。其中有一个是举州，据《旧唐书》说，它是贞观十九年以乙失革部所建，隶于营州都督[①]：

> 带州，贞观十九年于营州界内置。处契丹乙失革部落，隶营州都督。万岁通天元年，迁于青州安置，神龙初放还。隶幽州都督。

这个带州的乙失革部，两《唐书》和《册府元龟》都未说明是属于松漠都督府管下的一个州，首先要注意这一点。虽然如此，乙失革部（中古音 Iet－siet－kock）是属于所设遥辇氏八部的唐末五代八部契丹之一的乙失活部，如在第一篇中所述，这是审密姓牛半族的集团。这个集团是否包括在内，是决定其归属的首要问题。如果带州乙失革部确实未被编入松漠都督管下，那么，属于松漠都督府系统的各集团，无疑是后来的耶律姓——就是属于半族的耶律姓。

---

① 据《新唐书·地理志》，带州的设置是在贞观十年，这与《旧唐书·地理志》所载不合。但是，在契丹羁縻州方面，前者比后者错误甚多。例如把前述的玄州的辱纥主误为"纥主"，设置年代的二十二年误为廿年，还把失活部同乙失革部混为一谈，又把前者的州信州误为后者的州而重复，记载了本来就是乙失革部的州带州，因此不足凭信，仍应以《旧唐书·地理志》为依据。

然而,我们已经说过,李姓契丹松漠府八部,不能不包括失活[①]氏族,因为承袭第四代松漠都督这一地位的正是代表这个集团的李失活。而且就是这个失活部,在所设遥辇氏契丹八部中,称实活部,尤其是在辽代,曾以收里(述律氏之名,与乙室并称而形成审密半族的两大宗之一。正因为如此,松漠府系的八部只能是属于牛半族审密,自无待论。

说到这里,松漠都督府的李姓契丹的内容应如何决定呢? 这个问题解决很简单,认为这个集团属于马半族,是以松漠都督府的十州八部,不包括带州乙失革部,这一假设为前提的。与此相反,牛半族的失活部是李姓契丹的重要成员,这不是假设而是无可否认的事实。当是以前的结论认为属于马半族,不能不让位于牛半族这一新结论。结果当然恢复带州乙失革部迄今为止所失去的正当地位,恢复它在松漠都督十州八部中应当占有的位置。

乙失革部的带州是松漠都督府管下的一个成员,而且也是都督李窟哥的直辖本部。这从它的设置沿革中也可隐约看出来,带州的设置是贞观十九年(645 年)的事,已如前述,这一情况见于《新唐书·契丹传》(《旧唐书》的记载无大差别)。

> 帝(太宗)伐高丽,悉发(契丹)酋长,与奚首领从军。帝还
> 过营州,尽召其长窟哥及老人,差赐缯采,以窟哥为左武卫将

---

① 失活,又写作蜀活(《曲江集》)或实活(《汉高祖实录》)其中音和现代音如下述:

失活 sǐĕt ruat——shin hu

蜀活 ziwok ruat——shu hu
实活 d'zcjĕt——shih hu

še—ru〔at〕<zou〔at〕
zo—ru〔at〕<zou〔at〕<šou〔at〕
dze—ru〔at〕<dzeu〔at〕

失活的原语司能与 sou〔at〕(si—hu)接近。可是,收里 Siəu lü>Sau—li。现代音是 shou—li,解释的名词附以词尾,Iik 集合名词 Sŏli〔k〕(k 省略亦见于 mellik 灭里和 Ae—malik 阿里马里等例,这也略能说明"失活"与"收里"的同音关系。

军……未几,窟哥举部内属,乃置松漠都督府。

这就是指贞观二十二年(648年)举部内属(结果窟哥才被任命为松漠都督)以前,窟哥即曾应太宗之召,入谒营州,是太宗征高句丽的归途,从这一点来看,当然不会不是贞观十九年(645年)十月的事。[①] 因为贞观十九年的入谒,他才被授为左武卫将军。至少在封官的同时,在设置羁縻州的可能。当然,从未发现出于授官而设带州的记载。对于两者的关系,不能妄加推断。尽管如此,窟哥的授官和设置带州的年代,完全一致,这一点首先要引起我们的注意。其次,还应注意带州设于营州界内并隶属营州都督。从性质上看不能不认为这是否定李窟哥与带州有关系的有力资料。因为李窟哥被任命为松漠都督,在制度上至少与营州都督立于同时地位。隶属于营州都督的带州,不可能又属于松漠都督。但是,这难免是一种表面的看法。虽然都是同样的都督府。松漠与营州,实际上是大相径庭的。前者是专对外族进行内部统治的机关,后者毕竟是对这些内属的外族加上监视或统治,因此,这位松漠十州之长(都督)同时统率八个氏族集团的李姓契丹,总统李窟哥不可能不是营州都督监视的重点,而且,对于这个远离营州李姓契丹根据地,为防止原统治者的直接干预和支配才使他们离开根据地而置于营州的直接管制之下,采取这样的政策是十分可能的。谈到孙姓契丹的总帅,也何尝不是如此。就像前引《旧唐书·地理志》所示,"武德二年(619年)以其统率的内稽部设置辽州,并任他的总管(后来的都督)"。他被"由燕支城徙于营州城内。"(《旧唐书·契丹传》),作"城傍安置",这也是从根据地燕支城分离出来而置于营州都督直接管辖。情况并无变化。燕支城的位置还弄不清楚,而它是内稽部故地,也就是孙姓契丹的根据地,即在设置辽州以后,部

---

① 据《资治通鉴》一九七至一九八页,太宗贞观十九年四月发自幽州,五月渡辽水围安市城,六旬不能拔,日辽左早寒,九月癸未班师,十月丙午到达营州。

众仍留居于此。只是总管孙敖曹带领一部亲信,在营州城内设立了总督府(名义上的官府),而已。田村博士援引《通典》卷二〇〇"羁縻松漠都护(督)府属今柳城郡"的记载,举出了万岁通天元年,松漠都督李尽忠与归城州刺史孙万荣发动叛乱①蜂起于"营州城傍"的事实,由此推断松漠都督府距营州城相去不远,如果松漠都督府意味着李窟哥的本部(带州乙失革部)的话,我就不能不表示赞同而无异议。

最低限度松漠都督的本部要直辖于营州都督。就第四代都督李失活的情况来说明这个问题就最容易使人理解。李尽忠和孙万荣造反,叛唐而投靠突厥,又看到东突厥日趋衰微而于开元四年(716年)②重归唐朝,这正是李姓契丹代表者李失活的行径。由于他的来归,才有归顺州之设,两《唐书·地理志》对此有如下说明:

> 归顺州,开元四年置。为契丹松漠府弹汗州部落。天宝元年,改为归化郡。(《旧唐书》)

> 归顺归化郡,东弹汗州,贞观二十二年。以内属契丹剋帅析纥部置,开元四年更名。(《新唐书》)

万岁通天元年叛乱以前弹汗州,就是《新唐书·契丹传》所称的纥便部(可是这是错误的,应如上述《地理志》所述,称为析纥便部),因此,开元四年(716年)重新设置的归顺州,不容置疑是与李失活复归于唐直接有关,不但开元四年这一年代一致,而且归顺州

---

① 孙万荣在武则天后垂拱中,官拜归城州刺史(两《唐书·契丹传》)。这个归诚州的来历不明,他的祖父孙敖曹钦有辽州,贞观元年更名为威州,很有可能威州州治就在营州城内。万岁通天年间,孙万荣起兵于营州城旁叛乱,考虑这一点,就可以想象上述归城州是否在武后朝中已更名为威州?姑存此存疑。

② 李失活内属于唐的年代,《新唐书·契丹传》作开元二年,《旧唐书·契丹传》作三年,《通鉴》作四年,试想开元十年正是薛讷率领的讨契丹军在此年七月大败的年代。另一方面,突厥默啜可汗当时还威震朔漠,契丹族复归于唐当是"默啜政权削弱的结果",实际上是在四年六月,以默啜可汗兵败身死为契机,(《通鉴考异》卷十二)。东突厥统治力松驰,才有回纥、拔曳固、同罗、霫、仆固等国相继归唐。李失活的归服,据《通鉴》为四年八月,从大势上看,我认为很妥当。

的名称也相符,这就可以充分证明是为失活部即析纥部(李失活的出身是失活部,不是乙失革部)而设置的。[①] 失活部的中古音是 si-et－ruat,析纥部的中古音是 slet－kuət,从语音上说,二者是异译同体,看不出有任何不同的地方。如果是这样,复归于唐的李姓契丹总帅李失活的本部归顺州,当时也应该是松漠都督的本部(在李窟哥,李尽忠为都督的时代,其本部是他们所统率的乙失革部带州。现在由于叛乱问题,李姓契丹的总帅所出集团已有变更。由失活部的李失活为都督后,他的本部,必然要变为失活部归顺州),在法制上,它与营州都督府具有同等地位,但在实际上并非如此,据《新唐书·地理志》,归顺州是配置在松漠都督府八州之外的另一个幽州都督府管下,就是说,并非列入营州都督府而是配置在幽州都督府,这是由于万岁通天元年的叛乱,营州都督府很早就沦于契丹军之手。神龙元年(705 年)以后,契丹军才开始撤退到幽州界内。开元四年(716 年)又有移还柳城旧址的变迁,因此种种,在这样混乱的情况下,有可能被放置在幽州大都督管下。无论怎么说,这个归顺州,即松漠都督府的东部不是一个独立的存在,营州也好,幽州也好,不能不承认都是为统治外族而把他们置于第一线的都督府管下。

这样论证,带州乙失革部同松漠府在位置上分离而处于营州都督府管下,并不能否定它是构成松漠十州八部的一个成员,相反这证明了它应该具有成为松漠都督本部的资格。我根据这个论断,主张以带州乙失革部作为松漠都督李窟哥所统率的直辖本部。这就是说,在贞观十九年十月,李窟哥应太宗之召,晋谒于营州而

①　田村博士据《册府元龟》九六四页:"万岁通天二年十月,左玉铃卫员外将军兼简较汴州(检校弹汗州?)刺史李括莫离为归顺王……"的记载,"弹汗州刺史枯莫离背叛了李尽忠和孙万荣,脱离了松漠都督府而早已降唐。唐朝希望早日平定叛乱,故授以"归顺"的封册,直到开元四年,这个州名也改为"归顺州"。他这样把归顺州的设置同枯莫离联系起来。我认为,这与李失活的复归很有关系。

官释左武卫将军的同时,曾在其所部的革州设置营州都督府,并任命他为行政长官(刺史)。以后三年,李窟哥可能就在这个期间,说服了李姓契丹集团举全部半族向唐内属的。乃至二十二年,实现这一计划后,他才被认为松漠都督的。大概在十九年,他仅以乙失革部一部之长的资格入谒,所以,只能被认为一般羁縻州长官(营州刺史)这样的官职,得到了同他的资历和身份相适合的待遇。现在他统率所有的八个集团内属,这八个集团都各自成为羁縻州,原来的辱纥主也被任为刺史,因而李窟哥的地位扶遥直上,与原有官职已失去均衡,这才设置松漠都督府,任命他为都督。李窟哥既是松漠都督,又是带州刺史,是一身兼二职。这样才能与《唐书》下述的记载吻合。

〔贞观十九年十月〕太祖伐高丽至营州,会其君长及老人等……授其蕃长窟哥为左武卫将军。二十二年窟哥举部内属,乃置松漠都督府,以窟哥为使持节十州诸军事·松漠都督。……以达稽部为峭落州。(以下八部九州之始末)俱隶松漠府。即以辱纥主为之刺史。

两《唐书·契丹传》的记载与此大同小异,故此一并采录。尤其是二十二年,窟哥举部内属,前后连贯,同时也能弥补虽称"使持节十州诸军事",而所列举者也不过是九州的一个缺陷。

这里还要谈到与此有关的一个问题。上述结论如果正确,松漠都督府则为一府、十州、九部所编成。关于一府十州这一点,可以视为松漠都督府位于诸部之上。为此"使持节十州诸军事"的十州,在解释上是没有问题的,但是这个九部,会产生与所设"大贺氏八部"的数目不符的问题。乙失革部同达稽析纥便、独活、芬问、突厥便、芮奚、坠斤、伏部等八部确实是完全不同的另部,这就不可能没有问题,倘若并非如此,而是属于其余八部中的任何一部,就没有什么不妥当的地方了。

在松漠都督府八部中,只有弹汗州——纥便部(此从《唐书·地理志》使用纥便部这一名称进行讨论)占有特殊位置,这从初代都督李窟哥两孙李尽忠、李枯莫离(前者承袭第三代都督、后者任弹汗州刺史)的情况即可充分看出。李窟哥把纥便部分为二,一个作为窟哥自己所统率的松漠都督本部,另一个授予其子(枯莫离之父)及枯莫离作为别部,田村博士的考据,可能以此作为弹汗州的基体,实际上也是这些情况中推断出来的。如前所述,我并非敢于同这个论据唱反调,也承认这个设想正确并表示赞同,只不过是对于被分开的集团名称,我不认为是纥便部而认为是析纥部(祈纥部)即失活。根据这一理由,叙述了乙失革部不能不属于松漠集团的原因,同时更进一步证明了乙失革部应成为松漠都督本部的理由。现在据此再作最后处理。

如上所述,松漠府八部中毫不犹豫地加入失活部,而且它还不是普通成员,而是第四代都督李失活所从出的重要成员。在八部名单中,也应该有失活部这一名称,按此观点探索,就能容易地找出来《唐书·地理志》中的乙失革部和析纥便部(《册府元龟》作祈纥使部,如田村博士所指出,可能是析纥便部之误)有密切关系,因为乙失革部后世也作失活部(《汉高祖实录》)或乙失活(《五代史》、《五代会要》、《东都事略》、《文献通考》)室活(《契丹国志》)等不同形式都包括失活这一名称在内。另一方面就析纥便部两言,虽用字有差别,但是,"析纥"字音完全相当于"失活"。

虽然在乙失革部(乙失活)和析纥便中都含有"失活"这一名称,但此外还有乙(iět)、便 b(ian)这样的接头或接尾词,这种现象乃是由于失活部划分为大失活部和小失活部而产生的。其理由是,一方面由于本支一分为二,当然从这个意义上可以推测出来;

另一方面,从语音解释上也可能得到证实,失活的原义①如何,姑且不论,其上加接头词"乙"(中古音 iet,现代音 i 是相当于蒙古语形容词 yeke(大),接尾词"便"(中古音 bᶜiän,现代音 pien),可解释为be'člhan(小)。有大失活小失活之别。从语音上也无差疑地证明了这一点。不能不认为有一种强而有力的根据支持这一说法。对于这一问题现在再说一遍,失活部酋长同时也是李姓契丹牛半族审密的首领窟哥,他统率被分割后的乙失活部的一半,作为松漠都督府本部(换言之,即李姓契丹的本部)而传给他的子孙。与此同时,失活部分出另一半,则赠予诸弟,同其余七州并列为松漠都督府管下的一个州。前者是乙失革部的带州,后者是乙失革部的弹汗州。正因为如此,虽然可说前者是乙失活部的分部,但属于长上者,后者则属于卑幼者(恰如某一氏族分裂后成为兄弟氏族的实例,但在此时,一般是兄氏族采用新名称,弟氏族则维持原来的旧称号)。参照阻午汗重编的审密氏族——收里和乙室以及耶律三氏族——迭剌、可品、突举等为复合氏族的名称。前者可称乙失革(yikeSigü)长上的失活部即大失活部,后者称析纥便(Sigü Bič ihan),卑幼的失活即小失活部。

上述论证,根据我的归纳,就能解释松漠都督府所统李姓契丹内部组织是一府十州八部,——把大失活部(乙失革部)和小失活部(析纥便部)作为一个计算。现将各种说法加以综合表如下述。

---

① 失活的原义如何不甚明确,如果勉强解释的话,蒙古语动词 sigü-kü,有一个含义是"纲渔",就是说与用网捞鱼有关。自古以来,他们住在潢水、土河沿岸,畜牧业不甚发达,故打捞鱼类以资补不足。也许在早年,根据渔猎经济生活的特点,他们有此称呼亦未可知。两《唐书·契丹传》关于古时契丹有所谓"逐猎往来,居无常处"的记载,就是说靠打猎来维持生计。由于狩猎经济不稳定,才逐渐饲养家畜(可参考通古斯族饲养驯鹿的例子),契丹族的先世并未走上从纯粹的狩猎时代进化到畜牧时代的过程。当初可能是一种半猎(半渔)半牧的生活形态,在他们的图腾崇拜中所出现的牛和马就是证据。大概因为被说成图腾崇拜是狩猎时代的制度,出现与畜牧业有密切关系的牛和马,这里决无任何矛盾。在动词 sigükü 的词根上,附以 hu 而构成的形容词 sigühü(网渔人)虽与失活在音节上相似,然而并非据此考定的原语,只是为讨论方便起见,才把失活部暂译为 Sigü。

新唐书契丹传	新唐书地理志	册府元龟	田村博士说	本书结论
松漠都督府	松漠府	松漠府	松漠府（纥便部）	带州（乙失革部）松漠都督府本部
峭落州（达稽部）	同左	同左	同左	同左
弹汗州（纥便部）	同左	弹汗州（析纥使）	弹汗州（纥便部）	弹汗州（析纥便部）
无逢州（独活部）	同左	同左	同左	同左
羽陵州（芬问部）	同左	同左	同左	同左
日连州（突便部）	同左	同左	同左	同左
徒河州（芮奚部）	同左	同左	同左	同左
万丹州（坠斤部）	同左	万丹州（坠片部）	万坠州（坠斤部）	万丹州（坠片部）
匹黎赤山州（伏部）	同左	巴黎部赤山州（伏部）	匹黎州赤山州（伏部）	同左
10 州（一府九州）8 部	9 州（一府九州）8 部	10 州（一府九州）8 部	10 州（一府九州）8 部	一府十州八部（大小失活按一个计算）

松漠都督府别部

133

　　失活部本支一分为二,这并不是年代很远的事,如田村博士所推测,我也认为这是从窟哥时代开始的。李窟哥的孙辈枯莫离任弹汗州刺史即小失活部(析纥便部)之长,这一事实已充分说明分为二部的年限并不很长。反之,如果是分裂于早年的话,那么二者就形成不同的氏族,应该各有氏族祖,即便勉强连结在一起,也决不可能由失活部(乙失革部)成员的枯莫离担任另一氏族小失活部的首长。现在的大失活却和小失活部(尤其是小失活部,由于大失活部已发展为强大集团而固定名称:乙失革、乙失活、乙室活,再没有称小失活部以示区别的必要)是随着时代前进而逐渐确保的各自的独立性。辽代契丹人的传说中,乙室〔活〕、收里〔等于失活〕这二个名称已达到对等而相提并论的程度。因此从枯莫离任弹汗州刺史看来,分大、小失活的年代如果离此不远,又能追溯到哪一段呢? 最低限度不能不追溯到李窟哥年代,是因为小失活部的首领李失活虽与李窟哥之孙李尽忠是同辈兄弟,但并未与李窟哥很早建立祖孙关系,也可以设想李失活的祖父与李窟哥是近亲,然而也不过是兄弟而已。以上述事实为依据,关于大、小失活之分裂,最低限度只能是溯及李窟哥的年代。

　　可是,就大、小失活部之分的情况来说,这并非由于内部有此必要而产生。如果是那样,其他七个部族也多多少少应有同样的动向,然而全然看不出有同样的气氛和迹象。即然分的动机不是来自内部的需要,必然要考虑外部要求是基本原因。在这种情况下,应当回顾一下唐对羁縻州的监督和统治。契丹族强大集团的首领(以孙姓契丹指导者内稽部孙敖曹和李姓契丹牛半族的首领李窟哥)贞观二十二年内属于唐时,被授为松漠都督这一新官职,便脱离其本族集团而被置于营州都督的监督下,这意味着接受唐朝封管后,就不能不参加另外一个具有统治力的官僚机构。不管怎样,目前的当务之急是李窟哥要组织自己的直辖集团。而且此时的契丹族是以血缘关系作为集团基础的,重新编制的集团。也不能没有这样的性质。氏族之分,特别是属于李窟哥本身的氏族,一分为二,一由李窟哥统率,成为管州都督管下的带州,乙失革部(大失活部),另一则留在本族的半族之内,作为弹汗州、析纥便部(失活部)构成松漠都督府的一个州。这种李姓契丹社会内部变化,正是与围绕着李窟哥所发生的新的政治背景相适应的。这样大、小失活部就成为松漠都督李窟哥的直辖本部,小失活部则已之于其弟(或为族弟)李失活的祖父。照这种情况下,因为是氏族新分,把乙失革部失活部和析纥便部(失活部)就成为九部,把二者并为一部计算,就符合李姓契丹八部之称。但是,这样的他称也不是没有的。

同李姓契丹将半族统一起来编成松漠都督府八部十州相比,可以看出孙姓契丹是不统一的。当然,在孙姓契丹中,半族也有可能起到一定的作用。这里特别要说的是,同李姓契丹相比,他们在政治上是团结的,在被任为辽州总管(都督的前身)孙敖曹的周围,似乎还能多少看到一些团结的萌芽,但以后并未见出多大的发展。孙姓契丹和李姓契丹的这种差别,很难想象本来就是如此,至少我们很难发现这样考虑的理由。不仅如此,这种间隔以后仍在二者之间继续发展,首先不能不归因于与唐王朝的关系(不言而喻,这是以政治为中心的)。其详细情况,容在次节补述。尽管说孙姓契丹不统一,我们还要大致探讨一下他们的内部组织。

关于孙姓契丹的内容,还缺少可以积极说明这一方面的材料。我们只能设想,除松漠都督系统的十州八部外,其余都是孙姓契丹。在这个前提下,再从文献中去寻找出合格者排列出来。这样拾遗的结果可将有关孙姓契丹各部大致列表如下,这是一种消极的探索方法。

辽州——威州（贞观元年以后）——内稽部
昌州　　　（贞观二年设立）——松漠部落
沃州　　　（载初中析昌州置）——松漠部落
师州　　　（贞观三年设置）——契丹失韦部落
玄州　　　（贞观二十二年设置）——辱纥主曲据部落
青山州　　（景云元年析玄州置）——辱纥主曲据部落

　　把这些羁縻州（氏族集团）横向联系起来的基础集团，不言而喻，是半族在起作用，他们不像李姓契丹那样，保持着严整的政治统一体（松漠都督府十州八部），并不享有同大贺氏契丹（李姓契丹）相匹敌的统一命名。这是后世要系统地了解孙姓契丹重要历史活动的主要障碍，无论怎么说，可供推测这一阶段的资料完全缺乏，实令人有一筹莫展之感。例如以昌州、沃州构成的松漠部落，以及师州为基体的契丹失韦部落等，是否相当于氏族集团，要说是疑问也是疑问。就昌州分出沃州和玄州分出青山州的情况来说，这是由于内部（社会）的理由，还是由于外部（政治）的要求所引起，也无从判断。在许多疑问一个也不能解决的情况下，不能不假定孙姓契丹有六州四部。

　　唐代契丹族二分为李姓契丹和孙姓契丹，前者是大失活部（乙失革部）首领李窟哥领导的松漠都督府管下的十州八部，编制整然，内容明确；后者则与此相反，不具备统一形式，仅从文献中看到他们有六州四部，而且只能看到内稽部首领占有代表全体的地位。一般说来，每一集团都有较强的自立性。用史实来说明当时的契丹社会，结果则恰如我在第一篇所作的理论分析得出来的契丹部族社会的那种图式，即马半族（耶律）和牛半族（审密）两部分所构成的二分制社会。李姓契丹和孙姓契丹这两个集团，不可能不是与此马半族和牛半族相对应的社会集团。现在我们来最后下个结论，上述论证已弄清以乙失革部（大失活部）和析纥便部（小失活部)为中心的李姓契丹,毫无争论地可以说是牛半族(审密),而内稽部以下的孙姓契丹当然就是马半族(耶律)了。

第三节 大贺氏契丹

从隋代开始,在文献上多少看到契丹族两个半族的活动,这当然是时代的推移和历史发展的结果。进入唐代以后,起初他们也并未显出能引人注目的重大活动,只有未开化社会的平等原则在这两个半族之间普及(有成员多的氏族和成员少的氏族,从而有大半族和小半族的差别)。因此,首先是个人或某甲某乙,不可能拥有或享有声望、权威、地位和权限等其他一切。在这样自然趋势的进展中,所引起的最大变化莫过于唐羁縻州这一制度的出现,尤其是松漠都督府的设置,无论是一个州或一个县统统都隶属于它,作为上下级关系。它又是代行公权的国家权力机关,就是羁縻州也不能完全拒绝。像羁縻州刺史对部民那样,松漠都督可以对羁縻州刺史发号施令。当然不可以说,根深蒂固的共同社会的自然原则随着羁縻州的设置已经全面崩溃,可是以此为契机,在共同体中孕育出一种新的权威。对氏族成员来说,以唐王朝的实力为背景的这一权威,本来是一位"不速之客",可又每时每事都行使他的公权(可以说行使公权是由于唐的强迫)。然而曾几何时,就赋予这位外来客人以座席,而且还是高高在上的席位。过去氏族或半族的首领,只能是辱纥王 nügüčekü(亲属者)和莫贺弗 bayatur(勇士)而已。他们是从成员中选举产生,也可以由成员罢免,丝毫没有赋予他们以统治部族之权,只是在对外关系紧张引起氏族、半族危机的时候,虽然给他们统率集团的任务但也是临时性的。要言之,辱纥主和莫贺弗仅能支配个人集合起来的氏族成员。羁縻州之设置使以往人与人的关系产生了龟裂,氏族首长等被任为刺史,半族首领则拜为都督,这样,选举和罢免相互更替的权力,在氏族中便不复存在,只有唐王朝是支配此事的唯一主体,出现了由唐王朝赋予公权的刺史或都督,能对部族进行统治。

不言而喻,在氏族、半族的内部确实发生了极其重大的变化。相当重大的变化也发生在两个半族之间。被任为羁縻州刺史的氏族首领,例如仅有乙失革氏族长的李窟哥,以李姓契丹统率的资格被任用为松漠都督。不用说松漠都督是统辖刺史的直接上司,可能就是松漠都督李窟哥支配都督府管下的九个州刺史,李姓契丹八个氏族集团可前受几个刺史统治,现在还要进一步受到以都督李窟哥为上峰的第二层统治。到这一阶段,就可以说产生了具有"政治统一体"这样一个最低概念的集团。

与李姓契丹这个异常的集合体相比,孙姓契丹则无法掩饰其逊色。被任为刺史的氏族长对氏族成员的统辖力,在理论上虽无差异,但是缺少把这些氏族集结起来在更高层的集团。只有在特殊紧迫的情况下,暂时联合起来服从这位指挥者的命令,一旦恢复平时的状态,立即解除这个上下连贯的统属关系,由于缺少像都督府这样常设的统治机构,这可能也是不得已的事。李姓契丹与孙姓契丹在威望和门阀方面都有很大的差距,这一点也是不能忽视的现象。

然而所设的半族,从来就是以结合极缓的原则的集团,如果说这是氏族和部族的中间环节,它的本质是血缘,那就与氏族同样居于次要地位,而与部族也有明确的界限。这个神半族只有在李姓契丹的场合(尽管是不正常的)发挥了"政治统一体"这样的部族作用,这又意味着什么呢?当然要引起注意。这一特殊现象本质上还是随着羁縻州的设置而产生的。同孙姓契丹相比,这是容易理解的。孙姓契丹未有都督府之设,他们是安于半族现状,一向没有违反过"政治统一体"这一原则。也是不可能违反的。在这方面,李姓契丹即牛半族（审密）则将此推向准部族的"政治统一集团"。至于孙姓契丹即马半族，则不允许他们这样做。原因实际上不外乎有无松漠都督这一官职所象征的权威，对于唐代初期的契丹族，决不可以说是前者居于主导地位，而后者属于从属关系，其实彼此都是一样的。接近唐王朝是这种权威的源泉。按理一方面这是无比的荣誉，另一方面也要将此大肆宣传。例如拥有松漠都督的李姓契丹：

> 契丹，其君长姓大贺氏，胜兵四万三千人，分为八部。（《旧唐书·契丹传》）[1]

称大贺氏，因而又有大贺氏契丹、"大贺氏八部"之名称，似乎在那个时候，被用为契丹的同义语，这自然是可以理解的。所设大贺氏，其中古音为 $d^c ai-ra$，似出自蒙古动词 takihui 其式 takig′a，意思即"诚意的服从人"。不用说，这是满足于依附唐朝而得到的权威并为此而夸耀的自称。作为一个向外国卑躬折节、屈膝投降的代名词，似乎有些侮辱的含义，从这里也能看出契丹族发展的一大标志。

李姓契丹特别是他们的首领，大贺氏以唐王朝的臣服者，自任而又自豪，事实上，他们也受到足以自豪的思愿。继承初代松漠都督李窟哥职位的李阿卜固到李尽忠，都是李窟哥的子孙，这一点充分显示出保证了他们的特权和特定的宗族地位，已经呈现出由共同体升华的一种典型面貌。契丹族共同社会的分解，特别是与唐朝的政治关系，契丹族要做到打成一片而统一促成的。还有一段距离，但是至少占一半的审密半族的内部统治，以特权宗族为中心，正在加强这种发展趋向。然而赋予他们特权的唐王朝，又对他

---

[1] 两《唐书》《契丹传》都称大贺氏八部，但《唐书》的记载是总叙前代以来契丹族，以是唐代以前的称呼，令人不无这样的感觉，内部组织"分为八部"是松漠都督府的契丹，换言之，只能明确适用于李姓契丹，事实上从以后的使用来看，"大贺氏契丹"一语是严格地指唐代初期李姓契丹而言的。

们施加种种义务,约束逐渐刻苛。内部统治的增强和来自外部唐王朝的羁绊,这两因素不可能不引起相反的结果。当初在都督李窟哥时代:

> 永徽五年十月,高丽遣其将安固,将高丽、靺鞨兵击契丹,松漠都督李窟哥御之,大败高丽于新城。(《资治通鉴》卷一九九)

松漠都督府甘当唐朝藩屏,为防御高句丽而献身的。到第二代都督李阿卜固时代,他们就逐渐不像过去那样听从唐朝的颐指气使了。

> 显庆五年五月,以定襄都督阿史德枢宾等为沙砖道行军总管,以讨契丹,擒契丹松漠都督阿卜固,送东都。(同上书卷二〇〇)

到第三代都督李尽忠的时代,就爆发了规模较大的契丹族叛乱。从这一代到那一代的过程中,他们逐渐产生了强烈的独立意识,因而抵抗力也日益强化,我们应该重视这一点,这就是契丹族社会不断发育成长,从临时性的氏族联合军事组织朝向永久性的政治统一这样的新体制发展的标志。

第四章　唐代的契丹族——遥辇氏契丹统一部族时代

第一节　"无上可汗"李尽忠的契丹族独立尝试

万岁通天元年（696年）五月，对营州都督赵翙的欺凌和羁绊已忍无可忍的李尽忠（乙失革部首领），遂与遭遇相同的归城州刺史孙万荣（内稽部首领）共同发动叛乱，叛乱虽说是一时的，但已使唐朝在东北边境的防务遭到毁灭性打击。唐的征讨军连战皆北，经略东北夷的营州失陷，因而关内各州也相继被兵，河北全境震动。这次叛乱延至翌年九月始告大致平定。这里我们不禁要问：如此巨大的势力是怎样集结起来的呢？

虽说是李尽忠、孙万荣的叛乱，但是，却不限于李尽忠领导的内稽部的联合势力，代表孙姓契丹（耶律半族）势力的内稽部，有叛乱开始与李姓契丹总帅李尽忠抱有同样的雄心，也是参与策划的主谋者之一，由此可以推断孙姓契丹是举族参加叛乱的。叛乱的总指挥李尽忠在叛乱中途即是年九月病故，继续承担指挥重任的就是孙万荣。仅就这一情况来看，如不以上述推测为前提，就是说没有孙姓契丹半族为后盾，毕竟不能理解。不仅如此，统帅交替说明，两个半族是对等的。至少说明不存在一方从属于另一方的条件，若不如此，孙万荣在李尽忠死后何能指挥叛军，特别是属于主力的李姓契丹部众呢？果真如此，就不能没有重大意义。因为，像我们所知道的那样，是松漠都督府系统的李姓契丹，始终是以"大贺氏"、以唐的臣服者自居而睥睨一切；相反孙姓契丹万事都处于劣势,地位也低一等,不管其间有何经纬,这两个半族的对等性无论如何已经表面化,我们对此不能轻视。

随着羁縻州之设置,实行官僚制度的契丹两个半族,尤其是李姓契丹,已接近与部族集团相当的政治上的统一体。同是在契丹族内部,只要还有彼此有差别的两个半族对立,纵然是属于对外的纷争,经常也要分为李姓契丹的问题,或孙姓契丹的问题,而需要各自处理,实际上也一直是这样做的。当李尽忠、孙万荣共同发动叛乱的时候,两方则共同提携,结成一体,而与唐王朝双抗。这与其说是使全契丹族加深了危机,倒不如说促使两半族内部酝酿已久的部族统合这一倾向,借此机会实现。所设叛军并不限于李姓契丹和孙姓契丹的联合军,据说奚族也曾参加(当然不是全体参加),即从表面上观察,也可以推断这一点。现在就从他们的意识形态方面提供一些证据。

在两《唐书》对此次叛乱的详细记载中,从未发现有任何问题。不可忽视的是李尽忠采用"无上可汗"称号一事。如所周知,"可汗"是通用于突厥、蒙古族中对君主的称号,他君临于众君长之上,居于统治地位。当然,同以血缘关系组成的集团并借以维持秩序的氏族、半族首领等相比,具有根本不同的性质。最低限度如果不是部族首长,就不适用这个称号。事实上不若非这种情况,也决不采用这一称号,这已成的惯例,仅仅占有营州都督府的李尽忠竟用"可汗"的称号,并冠以"无上",从这一点看来,确实形成了奚与契丹族的联合体,提高了两个半族的有机结合,而以契丹部族的团结一致为基础的。他们之间包括奚种族,有共同的语言,有类似的风俗习惯和生活方式,且居住区域接壤等等。要言之,有同利害共命运的密切关系,只要有自觉性,就具备结成统一集团的基本条件。正在李姓契丹和孙姓契丹两半族内部具有团结部族的愿望。他们才趁发生种族危机,而对唐采取军事行动的机会,大体上达到了这一目标,称李尽忠"无上可汗"这一行动以及代李尽忠一跃而为叛军指挥的孙万荣的事迹。即已将这样的非常时期,可能是暂由军政府代行统一部族的部族会议职权,这正是充分发挥统一部族的单一政府的职能。

> 孙万荣之破〔清边道总管〕王孝杰也,于柳城西北四百里,依险筑城,留其老弱妇女。所获器仗资财,使妹夫乙冤羽守之,引精兵寇幽州……突厥默啜发兵围契丹新城,三月克之,尽俘以归。

此据《资治通鉴》卷二〇六〇记载,孙万荣领导的军政府曾于神功元年(697年)为契丹族的非战斗人员,在柳城西北四百里筑新城,留守备部队守护。这些非战斗人员并不限于孙姓契丹的老幼妇女,同《通鉴》的万岁通天元年十月辛卯记事说:

> 突厥默啜乘间袭松漠,虏〔李〕尽忠〔孙〕万荣妻子而去。

由上述可见担当新城防御之任的乙冤羽是孙万荣的妹夫,当然他不可能属于李姓契丹。这就是说,不问战斗员或非战斗员,前线部队或留守部队,他们都是在两半族完全成为一体的军政府的指挥下进行活动的。这正符合以部族为单位的"政治统一体"这一名义。契丹部族的势力,达到使唐的东北防御体制完全陷入混乱的程度,实际上是由于内部部族团结一致,才出现这样的结果。

"无上可汗"李尽忠的出现是契丹族形成部族的开端,从血缘关系结成的集合体的契丹族,一跃而以地缘统一集团的面貌出现。李姓契丹和孙姓契丹这两个没有血缘关系的集团(半族)曾长期彼此分立而时相反目。尽管是一时的,至此已宣告结束。同在一个单一政府的统辖下,有必要建立贯穿于二者之间的一元化的秩序。不言而喻,原来的血缘原则已不适用,代之而起的是超越氏族的公共权力并开始成为新秩序的基础。尽管是最初的步骤,但无论如何,堪称"政治"的东西是从这里诞生的。远在契丹族的历史上这是一件划时代的大事。契丹族社会深处有关的变化同目前这一惊人的进展联系在一起。这就是使"无上可汗"李尽忠增添了一种特色。对唐的叛乱，就像结果证明的那样，是属于消极的一面。从他身上迸发出来的是作为独立的契丹人的自觉性和作为君主者的意识。从营州都督赵翩对他"诬蔑"和"歧视"而引起叛乱，也能看出这一点。但直截了当地说明问题的莫过于他所用的"无上可汗"这一称号。作为唐朝的藩臣和官吏，不消说，即使处于附庸国地位，而若受宗主国册封，潛称王号，在中国也是严禁的。从外族的立场来看，可汗充分意味着与中国皇帝立于同等地位。"无上可汗"更是如此。契丹部族的形成带来的强大团结力量，固然以其自觉性为基础，更主要的是，部族长的地位同半族首领在本质上有所不同。部族长是公权的行使者和执行者，在某种程度上，早已脱离了一般的契丹庶民阶层已成为特权者。李尽忠敢于自动采用"可汗"称号、敢于发动叛乱，像大贺氏过去那样以"唐的臣服者"自居而感到自豪的那种媚态，从他的身上再也找不到了。到"无上可汗"李尽忠时代，所设的大贺氏已经宣告寿终正寝。

这位在契丹族的历史发展中出现的"无上可汗"李尽忠，形象确实是伟大的。古代契丹人既没有文字，更谈不到有什么记录，但是在漫长的部族生活中，人们把他作为英雄来赞扬，深刻地铭记在脑海中，人人传颂，有口皆碑地认为他是他们的第一代可汗，也是他们契丹族的"解放者"和"独立者"。最低限度强调了不是唐的臣服者大贺氏，而是另一个契丹，从这一点可以认为遥辇氏有"独立者"的含义，即强调了遥辇氏①契丹的鼻祖。据《辽史·韩家奴传》，李尽忠的徽号是这样传下来的。

〔重熙十三年春〕上疏曰："臣闻先世遥辇洼可汗之后，国

---

① 认为遥辇的原义出自蒙古语的动词 jegülehü（外移）或 üre－hü（解放）似未脱出推测之境。无论出自哪一个都有"独立者"、"解放者"的意思。第五节还要详细说明在此从略。

祚中绝……

这是十一世纪半的说法。与其说这没有说明客观历史事实的详细
原委,莫如说已经遗留了那些史实的细节才正确。尽管已经遗留
这古代契丹族英雄的轮廓,但是直到建立契丹帝国(辽王朝)后一
百五十年,还能一脉相承地流传下来,这一点不能不引起我们的重
视。由于有关遥辇洼可汗的详细具体的事实,已经遗留仅据上述
情况来判断李尽忠,当然难免有些武断。《辽史·世表》(卷六三)
也是参照契丹人的这些传说和唐代史实这样叙述开元年间的契丹
首领屈烈:

> 萧韩家奴有言,先世遥辇可汗洼之后,国祚中绝。自夷离
> 董雅里立阻午可汗,大位始定。〔李〕今以唐史、辽史参考,大
> 贺氏绝于邵固,雅里所立则李怀秀也。① 其间唯屈列,〔李〕过
> 折二世,屈列乃可突于所立。过折以别部长为雅里所杀,唐史
> 称泥里为可突于余党。则洼可者殆为屈列耶?

《辽史·世表》的考证是以阻午可汗为李怀秀为前提。② 正如
田村博士所批判的那样,这很难认为是有历史的合理性和妥当性。
因此,对于洼可汗不能不另作探讨。我之所以把洼可汗比作"无上
可汗"李尽忠,依据如下列各项叙述,这与传说(《辽史》所传)和史
实,大体上是一致的:

(1)他是契丹族最初的可汗。

(2)他取代唐王朝的臣服者人贺氏契丹而成为遥辇氏契丹即
独立契丹的鼻祖。

(3)他死后,独立契丹即遥辇氏的传说到阻午可汗时代即中绝
(关于这一事实,还要在下一节评述)。

(4)萧韩家奴既然自称是他的先世,洼可汗当然不可能不属于

---

① 两《唐书》的本纪李怀秀作李怀节。

② 田村博士:《唐代的契丹族研究》。

李姓，契丹即审密半族，尤其萧韩家奴所设的先世，如果理解为广大契丹族的祖先而并不一定就是他的先世，就能提出下列论据：《辽史》所举的阻午可汗。宫分人诸例如萧夺剌（卷九二）、萧得里特（卷一一一）、萧特烈（卷一一四）等都属于有姓。

举出这些理由，可以说上述考证就能成立，最后还要从语音方面来证明二者的一致。

"洼"有三种音，一是乌瓜切，麻韵（wa）与洿同言；二是一佳切佳韵（ya），此为甘肃省的一条河名；三是姑威切。齐韵（kuei）用于姓氏——（这当然是指汉姓而言，反映外族姓氏和名号是否亦如则不敢断言，原则上可认为是这样。但也不可能超出常识的判断）就洼可汗而言，采用后一音是稳妥的。洼（kuei）与圭、奎有同音同韵关系。

"圭的中古音为 ki^{w}ei 今音 kuei。奎的中古音为 ki^{w}ei 今音 kuei 这种语音变化也同样适用于洼字。参考"无上可汗"的意义，再找与此音值近似的原语，即可将蒙古语名词 Gü〔n〕（深）附以否定词 ügei 所构成的形容词 Gün－ügei（经过 Gü〔n〕－ügei＞Gü－ügei＞Gügei 的过程）同洼的近似音联系在一起。基于上述论据我认为遥辇洼可汗并非他人，正是指李尽忠而言。

在契丹人的传说中，称为独立契丹的建立者而被长期传颂的遥辇洼可汗，无可争辩的就是"无上可汗"李尽忠，他在契丹族中，能够博得如此崇高的评价，是因为他在万岁通天元年掀起了大叛乱，并非因为他是松漠都督。据说，契丹族是在他的领导下才开始初步结成部族，未开化社会这一划时代的发展，实际上是使他享有盛誉的最大原因。

第二节　以李失活为代表的大贺氏契丹的复兴

"无上可汗"李尽忠虽然着手完成了部族的统一，但是在这华丽的外表中,还潜藏着阴影。这是因为李姓契丹和孙姓契丹之间,还没有完全消除以往遗留下来的对抗意识。普通流行对二分制两半族的社会评价,是很不均衡的①。如前所述,一方对另一方占有优越地位的现象,仍然存在于契丹之间。以松漠都督府为上峰,还统辖着九位羁縻州刺史的李姓契丹同仅有羁縻州刺史这样官职而分立的孙姓契丹相比,当然李姓契丹这一方面当然要得到社会上的更高评价。何况他们还要以大贺氏("唐的臣服者")自居而引以为荣呢? 当然,这种社会评价的不平等,在涉及全契丹族的安危而有共同的最高利害关系时,也能暂时消除,但毕竟是一时的消除。部族形成前后的根本分歧不可能不存在。

　　契丹部族形成既然是由李尽忠所完成,他对于两个半族之间存在的问题,当然不会不设法解决。我认为设置而实行官僚制度,就使古氏族中的统治者与被统治者之间产生了分离。结果每一氏族都开始具备了政治集团的性质,这就加速了部族形成的进展。这个理由与前面的说明相合,在原则上实无分歧。可是再详细观察其经纬时,即可看出正在内部酝酿中的部族发展这一趋势,决不是完全自发的倾向。想利用在叛乱之际的团结一致,要求消除迄今存在于两半族间的不均衡状态,这一孙姓契丹方面提出的要求是特别强烈的。这便导致了孙万荣代替李尽忠掌握了指挥权。内部的脱离叛乱者多属于李姓契丹的首领,也能消极地说明这个问题,据《旧唐书》说,契丹羁縻州的一大半是在万岁通天二年至神功元年间迁徙内地的。不言而喻,这是李尽忠、孙万荣的叛乱所引起的变动。其中在二年被迁徙往各州(玄州、沃州、昌州)者,姑且不说,因为同年九月叛乱已被平息,或者可以认为是叛乱后的善后处

---

① W·里韦斯:《社会体制》第二章。

理。至于元年度的迁徙和师州、带州、信州①的设置,这就不能不认为是在叛乱期间对于落伍者和脱离叛乱者的安置。常州和信州因为是大失活部(乙失革部)和失活部的别名,当然应属于李尽忠的亲军。如果这些落伍者和脱离叛乱者不是产生在李尽忠生前而是在孙万荣做统帅的年代,那就是拥戴李尽忠为部族长的大、小失活部。在孙万荣手下,感到气运不佳,换言之,是在李姓契丹这一方面,因为李姓契丹有着根深蒂固的优越感,由于李尽忠与孙万荣的合作,可以说部族的结合,已大体上完成。但如不是孙姓契丹面方积极推动,那是不可能实现的。幸而作为部族长的李尽忠,他不但满足了李姓契丹的优越感,而且还提高了在孙姓契丹中的威望。像他这样的人在叛乱中途死去,孙万荣在军务倥偬之际,是很难得到李姓契丹方面的完全谅解和拥护,因而在大、小失活部中有一部分脱离叛乱,乃是可以理解的。

款附唐王朝并受册封,依仗这样的权威来维持优越地位,从李姓契丹来说,这种矛盾是对过去荣誉留恋难舍。归降也好,休战也好,无论如何,企图同唐朝妥协的一派对于孙姓契丹所采取的方针政策,不是那么心悦诚服的。这就是说,得到的光荣和幸福只能由李姓契丹独享,不容孙姓契丹均沾或分润。基于这样明显的理由②,所以主要是李姓的一部分背离孙万荣而降唐,万岁通天元年,

① 信州是万岁通天二年以失活部为主而设置的羁縻州。可是,贞观二十二年,对小失活部即析纥便部又有弹汗州之设,按照通例,应该有弹汗州内徙的记载,但是如何想象,在小失活部已经分出半个世纪之久的当时,兄弟氏族的意义渐被冲淡,再加上他们在对唐的和战问题上也有分歧——大失活部是主张独立而叛唐的急先锋,而且也是策划失败的责任者;相反小失活部(析纥便部)的李失活部则公然归顺唐朝,是他们的反对派——因此判然成为两部。这也符合析纥便部即"卑幼的失活部而遂称失活部这一称号。因此可以看出,他们对乙失革部即大失活部有强烈地对抗意识。与此同时,这也能解释为什么析纥便的名称再也不见于文献载,只有失活部这个称号留传下来。

② 据两《唐书·地理志》载,在叛乱期或叛后内迁的契丹羁縻州,独有内稽部的威州下落不明,这一点很值得注意。此部乃孙万荣所属,始终没有归顺唐朝,这就不难想象与后来在遥辇氏契丹马半族(耶律)系代表势力的迭剌部有关系。

常州乙失革部(大失活部)内迁和信州失活部的新设,是一般的情况。还有更显著的个别事例,就是相当于李窟哥之孙的李枯莫离(他当然是大失活部首脑)被封为归顺王。《册府元龟》卷九六〇说:

> 万岁通天二年十月,左玉钤卫员外将军兼简较汗(检校弹汗?)州刺史李括莫离为归顺王。

围绕着与唐和战问题而发生内部分裂,这给好不容易建立起来的部族统一带来了动摇。尤其是这次叛乱如能成功,就不会引起多大的风波,很有可能在统一部族的基础上安定下来亦未可料。然即不幸的是,不但加深了独立契丹派的内部分裂,而且背后还有可怕的突厥人的掩袭。如前所述,在孙万荣继李尽忠掌握了指挥权,即万岁通天元年末以后,[①]契丹内部已现分裂之兆。以默啜可汗为首的东突厥则乘虚而入,一举攻陷契丹族非战斗人员集结的新城,并掠去所有的人口、头匹和资财。进出于河北诸州的斗志昂扬的叛军,遭到唐和突厥的夹击而无所措手足,等待着他们的只是土崩瓦解。先是奚的援军为唐内应,这是造成契丹军失败的第一个原因,终于孙万荣也难以支持而倒了下去(万岁通天二年六月),从而引起契丹军全面溃败。战后的混乱给汗伏在契丹内部的分裂倾向火上加油。万岁通天二年玄州(辱纥主曲据的部落)、昌州(契丹松漠部落)、沃州(同上)等相继内徙这些孙万荣领导的集团,也有重蹈前一年带州(乙失单部)、信州(失活)和师州(契丹室韦部

---

① 关于默啜可汗掩袭一事,《资治通鉴》不完整的记载:"万岁通天元年冬十月辛卯,契丹李尽忠卒。孙万荣带领其众。突厥默啜乘间袭松漠,虏尽忠,万荣妻子而去……"这像是记为元年十月发生的事件,可是又有"神功元年(万岁通天二年)六月甲午,孙万荣为奴所杀,万荣之破王孝杰也,于柳城西北四百里,依险筑城,留其老弱妇女,所获器仗资材,使妹夫乙冤羽守之,引精兵寇幽州,恐突厥默啜袭其后,遣五人至黑沙,语啜曰云云……默啜乃杀前三人而赐二人绯,使为响导,发兵取契丹新城"的记载。据此孙万荣破靖边道总管王孝杰是在二年三月。因此,建筑新城,乃是三月以后的事。这就可以说默啜可汗掩袭契丹,应在三月至六卫间。

落)的旧辙而归顺于唐。

除了降唐归顺的集团外,恐怕有 Katai 族的大部分契丹族投奔突厥。他们在突厥统治下的境遇决不像想象那样美好。从《旧唐书·突厥传》卷一九四说:

> 契丹及奚自神功以后,常受其征役。

开元十三年(725 年)毗伽可汗竟说:

> 奚及契丹,旧是突厥之奴。

然而契丹族为什么不得不忍受这样的处境呢?这是因为臣属于突厥就能停止他们从背后攻击,如此还可勉强维持与前面的唐朝对抗,同过去不能忍受营州都督赵翙的"奴视"而崛起的李尽忠、孙万荣的情况相比,要知道局势已经发生了急剧的变化。就这一点来说,万岁通天三年的败绩对契丹人开始形成部族确实是一次重大的挫折,这是不容置疑的。

开元四年(716 年)由于突厥默啜可汗败死,东突厥帝国摇摇欲坠,投奔突厥而受其治下的契丹族,由前首领李失活率领再度归顺于唐。这时,他们已经不能选择摆脱唐和突厥两方势力而独立的第三条道路。还有部族长的地位既不属于乙失革部(大失活部),也不属于内稽部,实际上已转移到小失活部。这二点值得我们十分注意。因为契丹族的不稳定,特别是从这两件事上反映出来。前一种情况本来是向独立的契丹迈出坚定步伐的最好机会,但是未能这样做,反而蹈袭了以大贺氏契丹(对唐的臣服者)的前例降唐,这与契丹部族制受到挫折直接有关,自无再说明的必要。后一种情况是部族长的交替,这与部族制的不稳定有关,还必须略加考察。史载:

> 凡立王则众部酋长皆集会议,其有德行功业者立之。或灾害不生,群牧孳盛人民安堵,则王更不替代。苟不然,其诸酋长会众部,则选一名为王。故王以蕃法亦甘心退焉,不为众

所害。

　　这是辽兴宗朝回到中土的赵志忠在所著《虏廷杂记》中所记述的契丹之俗，是契丹帝国建立以前有关唐代契丹的传阅，那是不会错的。这也是部族制尚未成熟的时期有关部族长地位的传阅。可能也不会有错。万岁通天年间的叛乱以惨速失败而告终。追究责任就必然招致部族长更替。当时在李尽忠病逝而孙万荣败死的情况下，也有可能从乙失革部或者内稽部选出继位的部族长。自初代松漠都督以来，都督一职即被李姓契丹首领独占，所以乙失革部论威望和实力都是属于第一流的集团。至于孙姓契丹则是由于孙万荣最近出任部族长称雄。可是现在为部族长的既不属于乙失革部，也不属于内稽部，而是属于失活部的李失活。不仅如此，开元六年（718年）李失活死后，仍有四人相继被选为部族长，他们也既不属于孙姓契丹，也不属于大失活部，而是由其他李姓契丹部中选出的。就是说，继承李失活的是小失活部李娑固《旧唐书》作失活之弟，《新唐书》作从父弟。他的后继者虽属部不明，但仍是李姓契丹的成员，《后唐书》均谓其为李娑固的父弟。从此还有其弟李吐于（开元十二年至十三年）及其从父李邵固（开元十三年至十八年），这些事实究竟说明什么呢？

　　自李失活以下这五名部族长对唐是恭顺的。他们还时常入觐，除受任松漠都督外还尚公主。无论哪一个都同一样。然而与此同时，他们也有一个共同点就是对部众的统治力减弱。例如第五代松漠都督李娑固即不能制静析①军副使可突干，而且反被他戕害，以至出现拥立第六代都督李郁于的局面。第七代都督李吐于也同可突干发生猜忌而奔唐。第八代都督李邵固亦被其所害。出自失活部的李姓契丹的部族长，一贯坚持从属于唐，这是大贺氏契

———————————

① 静析军是契丹州军，据《唐会要》卷九六"契丹条"知："开元二年，李尽忠从父弟失活请归款。复封失活为松漠都督，授左金吾卫大将军，仍于府置静析军。"

丹的本来面貌。遥辇氏契丹对此是既反对又抵制的,这一派势力以权臣可突干为代表,直截了当地说,是属于遥辇氏契丹的。可见,从李娑固到李邵固,部内都不统一,两派斗争激烈,遥辇氏契丹逐渐占优势。现在对此再做进一步具体分析:在李尽忠和孙万荣企图契丹独立而叛唐惨败后,以前成为组织契丹部族中心的乙失革部和内稽部因丧失威望,部族的领导权已转归失活部的李姓契丹所掌握。这种变化,固是理所当然,但不能不说是从独立契丹(遥辇氏契丹)向降唐契丹(大贺氏契丹)倒退。在李失活部以下几名短命部族长时代,遥辇氏契丹仍然继续展开声势浩大的反对斗争,现在总算站了起来,出现了与大贺氏契丹最后诀别的局势。以权臣可突干为代表的势力,同乙失革部和内稽部有很密切的关系,可以推测他们正在重新组织契丹部族为实现独立契丹这一目标而阔步前进。在契丹族的历史上,如果说"无上可汗"李尽忠是第一个飞跃,那么现在正在迎接第二个飞跃。

归纳以上所述,就李失活到李邵固这一阶段而言,我认为是大贺氏契丹的复兴。

第三节　契丹部族的形成与阻午可汗

开元十五年(727年)五月,可突干弑第八代松漠都督李邵固而拥立屈烈为部族长,"率部落""胁奚众"投降突厥。契丹族挣脱唐的羁绊,但并未走向独立,反而主动地向突厥投降,看起来似乎有些矛盾。这可能是因为此时正值东突厥在毗伽可汗和阙特勤兄弟的治理下走上了前所未有的兴盛时期。尤其是可能从李尽忠、孙万荣叛唐失败吸取了痛苦的经验教训,因而采取这种权宜之策。那时,唐与突厥处在极平稳的和亲状态,相反只有契丹部族坚持自己的方针,敢于反复与唐对抗,不惮采取进出关时的强硬态度,他们虽附于突厥,但毕竟表明并未放弃自己企图独立的立场。

擅杀对唐极尽恭顺,并集中代表唐朝权威的松漠都督李邵固(田村博士指出李邵固在位是开元十四至十八年,此时契丹对唐入贡,最为频繁),公然采取敌对行动的屈烈、可突干时代已经到来。可以说仿佛是李尽忠、孙万荣为首的契丹再现。就像李尽忠作为遥辇氏契丹(独立契丹)永远活在契丹人传说中的那样,屈烈也得成为"遥辇氏契丹"的奠基人和复兴者,铭刻在契丹人的记忆中。后来在契丹人中间,流传有关先世的传说,那就是指可与李尽忠相比拟的屈烈时代。

基于这样的见地,再探讨《辽史》所载契丹人的传说,即可发现迭剌部夷离堇雅里所拥立的阻午可汗,乃是完全具备这些条件的人物,前引《辽史·萧韩家奴传》说:

> 臣闻,先世遥辇洼可汗之后,国祚中绝。自敌离堇雅里之阻午,大位始定。

这里的"国祚中绝"一语,不言而喻,是指遥辇氏传说中绝,所设遥辇氏契丹,正如前文反复说明的那样,意味着排除唐朝阻挠契丹结成部族及其羁縻政策,在统一契丹寻求自由独立的方面,洼可汗即"无上可汗"李尽忠是一位先驱者。他争取契丹的英雄事业受到挫折以后,契丹族在第四代都督李失活以后,数十年驯服地沦为唐外臣地位,这恰与"国祚中绝"一语相合,还有屈烈、可突干叛唐的时代,是对遥辇氏契丹的传统大复活的时期,这正与"大位始定"一语相符。我以依据这样的大势,把《唐书》所作契丹部族长屈烈比作《辽史》所传第二英雄阻午可汗而视可突干为雅里,诚然,如在前面把洼可汗比作李尽忠所谈的那样,《旧辽史》(《皇朝实录》)七十卷的著者耶律俨和《辽史》的编纂者,都说洼可汗是屈烈,阻午可汗是李怀秀,雅里是泥礼,看法完全不同。但是这种看法并无充分证据,而且也不可能证明。因此我认为没有必要多加探讨。

《旧辽史》和《辽史》有关阻午可汗的说法,对我的结论提到第二个困难是,契丹传说中夷离堇雅里其人。从美化为辽帝室远祖这一点来看,可能他是一位架空人物。《辽史·太祖本纪赞》中说:

> 辽之先,出自炎帝,世为审吉国。其可知者盖自奇首云。奇首生都菴山,徒黄河之滨,传至雅里。始立制度置官属。刻木为契,穴地为牢,让阻午而不肯自立……

下举太祖前六代世谱为:

> 雅里——毗牒——颏领——耨里思(肃祖)——萨拉德(懿祖)——匀德实(玄祖)——撒拉的(德祖)——太祖。

其中禅让故事是其子孙太祖即位合理化,有后世捏造之嫌。[①]的确,抱有这种疑问是有道理的。那么,为了达到这一目的,是否利用过这一故事呢?在太祖登位之际,也曾援引这一先例,但目的恰恰相反,是作为他避位的口实。《辽史·耶律曷鲁传》(卷七三)说:

> 会遥辇痕德堇可汗殁,群臣奉遗命请立太祖。太祖辞曰。昔吾祖夷离堇雅里尝以不当立而辞。今若等复为是言何歟?曷鲁进曰:襄吾祖之辞,遗命弗及,符瑞未见,第为国人所推戴耳。今先君言犹在耳,天人所与若合符契,天不可逆,人不可拂,而君命不可违也……

这里所设太祖的祖先,如《本纪·赞》所述,当然限于狭义的家族之祖,这可能是错误的。想把七代远祖的系谱正确弄清楚,这在有记录以前的年代一般说来就很难做到的,特别是在以个别家族为社会基础单位尚未一般化的当时,那就更明显。氏族祖雅里,如果已被特权宗族化的太祖一族所独占而终于成为变形的家族之祖的话,这里就挟杂着令人十分可疑的地方,至少关于雅里的传说所抱的疑问,如不许可超过这一程度,那就要把传说全面地作为假定,

①松井等:《契丹勃兴史》。

进一步要求有正确的根据。

把屈烈比作阻午可汗,把可突干比作雅里的第三个难点是名称的音值差异很大。对于这个问题,只能在一定的程度上加以说明。原来,北方氏族没有姓氏,为避免产生名字的混淆,往往兼用异名。例如辽太祖"字阿保机,小字啜里"。越是著名人物,就越要这样。这必然要增加一些小字、浑名、美称、官号等异名。成吉思汗的义弟名忽都忽就是一个恰好的例子。他有乞刊忽都忽(Sikf-gen Quduqu)、失吉忽都忽(Siki Qudnqu)(《元朝秘史》)、忽都忽纳额 Quduqu,Noyan(《元史·太祖纪》)等名称。不用说,sikigen、siki 是蒙古语动词 Sigithü 或者是 sigitgehü 转成的形容词"有决断力的","裁判官的",当然是"官人"的意思。无论哪一个名字都有美称、尊称或官号,名字附上这些即明示特定的个人。如果考虑到北族一般有此习俗时,那么,这里成为问题的阻午可汗→屈烈、可突干→雅里尽管在语音上无关,但很难找到否定的决定性资料。可能雅里是本名,而可突干是美称。[①] 至于阻午可汗,很明显就是这样:唐史所述屈烈是名字,契丹人流下的传说当然是尊称。[②]

[①] 可突干又作可突于,松井的《契丹勃兴史》主要是依据《旧唐书·玄宗本纪》、《资治通鉴》和韩愈撰《乌氏(乌承治)先庙碑》等。从可突干之说法,这与田村博士的《唐代的契丹族研究》似无分歧,但是他把可突干解释为可汗之号的是不正确的。因为凡许一人有王者地位的"汗",应由阻午可汗一人独占,《唐书》对部族长屈烈(阻午可汗)亦未加"汗"号,付可突干这样解释,就更不通了。我认为。所设可突干,是反映蒙古语形容词的一般形——han,这是否即 kütül—hü 转成的名词,kütüchü 而附结尾词 han 构成 kütüllü—han(指导者)的意译呢?

[②] 阻午可汗的名字是迪辇祖里(《辽史·营卫志》),又作迪辇俎里,迪辇组里,迪辇纪(纥)里。(《辽史·世表》)。迪辇故置不论,祖里 tsu—Li,组里,tsu—Li,俎里 tsu—Li 和纥里 chiu—Li,至少能与屈烈(ch'ü—Lieh)(《唐书·契丹传》)屈烈《庸会要》辽史》)屈刺 chü—le(《唐书·张守珪传》)。据埒 chü—lieh(《曲江文集》)等相对应。其中古音即:

组 俎	里	tsuo—Lji	(今音 tsu—Li)
屈烈 屈列		k'iuət—Ljiat	(今音 chü—lieh)
据埒		kcj'jʷo—luat	(今音 chü—Lleh)

这不可能是勉强的设想,当然也不能就这样断定,这里存疑,只作为"假说"提出。

如果《唐书》所载开元末年的部族长屈烈，即传说中的"遥辇氏契丹"的奠基人阻午可汗，拥立为屈烈的契丹族实力派可突干大致可以考定为雅里，我们以此为据，就可正确地决定屈烈和可突干的所属集团，还能给"遥辇氏契丹"的构成提供极重要的线索。

如前所述，可突干即雅里，是否是契丹帝国（辽王朝）帝室的祖先，虽不能作最后决定，但他们至少是属于这个帝室的迭刺部的远祖，这一点是不容置疑的。当然他也不可能不是耶律半族孙姓契丹的成员。孙姓契丹有代表性的集团，契丹过去是孙万荣出身的内稽部，可突干对第五代松漠都督李邵固以下几代都督（部族长）能够擅自拥立，或恣意放逐和杀戮，拥有这样的实力，决不可能同内稽部丝毫没有关系。尤其是他对标榜为"唐的臣服者"的大贺氏契丹的诸李姓契丹的都督一贯持强硬态度，敢于一再废立都督，从这一点来看，又何尝不可以说他是孙万荣的再现呢？

可突干即雅里，如上所述是属于孙姓契丹，也能想象他多半属于内稽部，与此相反，关于屈烈、阻午可汗几乎没有可资决定其所属的参考资料。仅有雅里让位的传说，可能是通往"推测"的唯一蹊径。就是说，雅里本来拥有自由部族长的实力，为什么要让位给阻午可汗呢？其内情如何，需要我们加以忖度（据《唐书》说，可突干确有取代李邵固成为契丹族首领的权势，但他拥立屈烈，自己不就部族长之位）。可突干——屈烈这一历史事实，不是同契丹传说中的雅里让位给阻午可汗的故事相吻合吗？这一点应引起我们的重视。这里要提出的是，阻午可汗是否也属于唯一的名门集团，即乙失革部（大失活部）。乙失革部是自三代松漠都督所从出的集团，是李姓契丹的代表。特别是独立契丹的鼻祖"无上可汗"李尽忠的直辖部，万岁通天年间的独立战争失败后，部族长职位因追究责任问题被失活部所杀，就名望和地位而言，可突干把部族长的职位让给这个集团是最合适不过的。对以契丹独立为标榜的可突干来说,他非常向往李尽忠和孙万荣合作年代的部族团结统一的局面。换言之,契丹部族团结比什么都是当务之急。为了达到组织部族这一目的,除了从立场与他完全相同的乙失革部以外,再也找不到可以应立为部族长的人选。据当时的情况分析,想象阻午可汗出自乙失革部,这固然是一种推测,但不一定应在排除之列。根据周围的一些事件看来,这样解释并无妨碍。而且在不能提出积极的反证,资料等于绝无的情况下,应以概括性的多寡来代替是否事实。沿着这一线索或不致于始终停留在"假说"领域,最后就来谈谈有关阻午徽号的问题。

"阻午"的中古音是 tsi^{w}o－nguo 今音为 tsu－wu。因"午"和"牛"同音韵,都属吴鲁切,麌韵。《西游录》中所载五端城在《元朝秘史》中作兀丹,即 udon 或 khotan,因此可以看出十三世纪初叶的语音。关于"阻"字,当未发现这样适当的例子。大致可以考虑为从 tsi^{w}o→tsu 转化为 to,tu,tsu 的近似音。如果是这样的话,"阻午"它可能是从蒙古语动词 togohu(考虑)转成的形容词 togo－hu＞tō－hu。这就可能同原语相比。可是,因为 togohu 的劝动词togogohu中含有"继承"的意义。因而 togohu 本身,应该也有这个含义。这样就可说阻午可汗是表示"继承先世的权利而即位"的可汗,即由祖先所传权利而登部族长之位的可汗,这是可突干禅让故事的恰好佐证又是什么呢?环视契丹族的多数集团,只有可突干的集团有权这样主张,那正是自李窟哥以来,历任松漠都督所从出而被视为"大贺氏契丹"宗主的集团,而且其中又产生了"遥辇氏契丹"的鼻祖李尽忠,是他初步把部族组织起来,领导契丹族走向独立,像这样的名门氏族,除了乙失革部(大失活部)以外,再不能求诸于别处了。

孙姓契丹的内稽部首领可突干(耶律雅里)反对有愿充当"对

唐臣服者"（大贺氏契丹）的第五代松漠都督李邵固等人，把他们废立或者放逐，自己虽然大权在握，但并未取而代之，而是迎立同样继承独立契丹传说的名门氏族——（乙失革部即大失活部）的屈烈阻午可汗为部族长。这些都不是毫无遗露地说明了《唐书》所载开元末的历史事实和《辽史》所遗契丹族的传说吗？只有这样，就能看到，阻午可汗（屈烈）与可突干（雅里）同心协力，正是三十年前李尽忠同孙万荣合作的再现。契丹独立的最初意图曾因遭惨败而幻灭，现在仿佛是彻底实现了。前次因失败而受到惩罚：投降突厥，曲尽臣礼。但是最可靠的还是内部团结，尽管团结有始无终，可是一旦在内部掀起形成部族的运动，就能较快地复活。自万岁通天年间，算起契丹族经过三十年，朝这一方向进展和成长，契丹人的传说中出现的阻午可汗则是独立契丹的完成者。正如萧韩家奴传所云：

> 先世遥辇洼可汗〔＝李尽忠〕之后，国祚中绝，自叛离董雅里立阻午，大位如定。《辽史·萧韩家奴传》

其辅佐即位耶律雅里＝可突干，他是作为契丹部族国家的创设者而出现的：

> 至涅里〔＝雅里〕，始制部族，各有分地。（《辽史·营卫志》中）

这就是最有力的证据。至此，我们才看到契丹部族统一体。换言之，在契丹史上，这时才出现部族制国家。

第四节　遥辇氏契丹的性质

阻午可汗（屈烈）不但是"遥辇氏契丹"的奠基者，也是契丹族第二代可汗。开元二十二年（734年）由于唐朝策划了一次使契丹族内部分崩离析的阴谋，他就成为牺牲品而倒台。经过是这样的。

因隶于屈烈麾下而与可突干齐名,但握有兵马实权的李遇折,串道营州都督张守珪,杀屈烈、可突干而自行依附于唐。于二十二年正月,李遇折被任为松漠都督,但这一派不久就在同年二月被可突干余党泥礼所灭。契丹部族又恢复了"遥辇氏"契丹的本来面貌。通过李遇折事变,我们可以看出阻午汗屈烈所领导的遥辇氏契丹的组织中枢。

李遇折在两《唐书》《契丹传》和《张守珪传》、《旧唐书·玄宗本纪》、《唐会要》、《资治通鉴》均作李过折。但李遇折还有更早的根据如《资治通鉴考异》卷十三:

　　旧契丹传作遇折,今从实录及(张)守珪传。

所考证这是确凿的证据。《通鉴考异》所说《契丹传》,可以推断[1]为韦述所撰《国史》一百一十三卷的《契丹传》,果真如此的话,不从"安史之乱"中幸未散失的天宝前的史籍,是不妥当的。尤其是《册府元龟》卷八九六也说:

　　开元二十二年十二月,立其酋长李遇折,为契丹王。

这里传下来的也是"李遇折"这一形式。因此,至少在五代、宋初写作"遇折"和"过折"两种抄本,无疑是同时并存的。不言而喻,"遇"和"过"字形相似,以至有此歧误,单是人名不同,那又另当别论。其实可以参照张九龄《曲江文集》卷八所收《勅契丹王据埒·可突干等书》一文,这与明确阻午可汗领导的遥辇契丹中枢部分有关,不能等闲视之。

我的结论,是采用《通鉴考异》所设"旧契丹传"中的李遇折,我认为这是正确的。其理由见于《江曲文集》:

　　勅契丹王据埒及衙官可突干,蜀活刺史郁捷等……

这是一份招抚的诏勅。开元二十二年遭到营州都督张守珪的

---

[1]《通鉴考异》所引《旧契丹传》,大体上可以理解为刘煦的《旧唐书·契丹传》,百衲本作李过折,而看不见李遇折,故设想为韦述的《国史》。

征讨而败北的屈烈和可突干,在穷途末路时,作为权宜之计乞降,唐朝便下诏,招抚这些契丹部族首脑,即契丹部族长据垾(屈烈),继阻午可汗名列前茅的衙官可突干(雅里)和蜀活(失活),刺史郁捷等部最有力的实权人物。在另一方面,作为张守珪的内应,亲率党羽杀害屈烈和可突干的李遇折,如果不是在契丹部内拥有力量的话,的确也不可能成此大事。深入探讨就会发现,李遇折和郁捷可能是同一人,尽管在字面上有差异,不是李过折,而是李遇折,视其为一人,则有必要弄清中古音:

李遇折 kua—t^{c}siät
李过折 ngiu$'$—t^{c}iät >郁捷 iuət—dz^{c}įäp

这种关系很容易成立,因为证明李遇折正是郁捷的同音异课。至于李姓契丹的李遇折,同时也是蜀活部(失活部)的首领,这可能一点没有不合理的地方。

由阻午可汗复兴起来,"遥辇氏契丹"拥戴大失活部(乙失革部)的屈烈为部长(可汗),而以内稽部的可突干(耶律雅里)和小失活部(蜀活)的李遇折(郁捷)为两翼辅构成为契丹统一体。与则天武后朝的"无上可汗"李尽忠创建的遥辇氏契丹是曲大失活部(乙失革部)的李尽忠和内稽都的孙万荣合作而构成李姓契丹与孙姓契丹的统一体相比,开元朝的"遥辇氏契丹"的形式。从表面上看,决不能说没有意义。这说明契丹内部比过去更复杂,换言之,在历史发展的道路上又前进了一步。由于万岁通天年间的叛乱失败,领导地位已被小失活部所夺取。第四代松漠都督李失活的出现是最明显的例证,大失活部和内稽部都在小失活部控制之下(可突干对几位都督的废立和放逐就证明这一点)。在阻午可汗领导下东山再起的"遥辇氏契丹",此次也把小失活部接纳入中枢,是名符其实地充实了他们的机构。

虽然在表面上得到充实,但在契丹内部又种下了祸根。以往在大贺氏契丹执复兴大业的牛耳，并得到唐王朝庇护，君临部众的小失活部，想把失去的部族长地位从乙失革部和内稽部手中再度夺回，因此，小失活部又给第二次危机点燃了火焰，这就是蜀活刺史即小失活部首领李遇折（郁捷）企图重归于唐而发难的动机。但与以前同族李失活内附成功的时代相比，周围情势已有显著变化，尤其是契丹部族在集结度上已经产生了很大的距离，李遇折一派虽然一举消灭了阻午可汗和可突干，夺得了政权，但是为时不久，就被可突干的余党泥礼[①]所推翻，这也不过是大贺氏契丹在几个月中昙花一现，终于看到"遥辇氏契丹"第二次复兴。

关于可突干余党泥礼，唐代史料和《契丹传》均未言及此人，传说仅谓阻午可汗为部族长的是胡刺可汗，按顺序来说，很可能就是泥礼。另一方面再检查唐代史料。有谓开元二十三年（735年），同奚族联合军击破突厥入侵的记载，可以看出，平定李遇折内乱泥礼即胡刺可汗率领的这一部分契丹，几乎全面恢复了部族统治，所设胡刺可汗是由蒙古语动词 huraga－hu 转成形容词 huraga 再冠加可汗的称号[②]意思就是"再度聚合之处的"可汗，这无论怎么说是非常合适的，因为所设"再聚合"的对象，当然指的是由于李遇折之变而逐渐离散的契丹部众而言。这是因为部众人心所向，像这样赞美平定内乱，部内重新统一内部的可汗称号，只有泥礼可以当之无愧。作为胡刺可汗的制度而传留下来的祭山仪，可能清楚地说明这一情况，依此观点加以解释，才能正确地理解它的本质。

关于祭山仪，在《辽史·礼志》（卷四九）是作为第一个古礼详述其内容的：

---

① 泥礼在《旧契丹传》作"泥里"（《通鉴考异》），张九龄的《曲江文集》和《资治通鉴》作"涅泥"，今从两《唐书》。

② 胡刺 hula 照《元朝秘史》之例；也可能是 hura〔g〕a 的对音。例如胡士虎（《元史·太宗纪》）＝忽都忽 Qudugu，合刺温隘 Qalarn，合刺乞答惕 Qara——kitad。

祭山仪,设天神,地祇位于本叶山东乡,中立君树,前植群树。以像朝班。又偶植二树,以为神门,皇帝、皇后至,夷离毕具礼仪……

《辽史》所述祭山仪次序,当然是契丹帝国建立以后制定的。它是仿照中国式的烦琐祭礼,其内容有很大变化。若将其中后世附加的仪式剔除,还原胡剌可汗制度的本来面貌,则在契丹族的圣地木叶山祭天神地祇,也不过是质朴的巫术宗教仪式而已。但是未开化社会的图腾崇拜,不仅仅是单纯的巫术宗教制度并且同样与社会制度有关系,虽称祭山仪这一巫术宗教仪式在本质上实际也是契丹部族的基本有联系的一种意识表现形式,并探讨胡剌可汗建立这一制度的历史意义。

虽然称为祭山仪,可是这一仪式乃以天神地祇作为祭祀的对象,这究竟为什么呢?第一步首先应从这里开始考察,所设木叶山是在与大平原接连地带的自然景观之中的一块突兀的高地。永远平行而不相交的天和地,只能以此山为媒介才能联系。在可能性未实现以前,仅能利用巫术而行祭祀,为什么祭木叶山,就是想直截了当地把天地联系起来加以调和。当然这里所说决不意味着一般《天和地》。像经常所设的那样。阴阳二元统一[1]等说法是与此无缘的。无论如何也不过是指属于契丹族生活舞台范围以内的大地和覆盖的苍天而言,诚然,由分割为二个半族集团所构成的二分制和社会中,这二个半族,图腾适用于本源的万象之上。澳大利亚原住居民,把星星和月亮看做黑鹦鹉,也把雷光和雨看做是乌鸦,这都是对于自然和人,未能严格区别的未开化心理,把他们的图腾同自然现象联系起来,不外是对变幻莫测的种种现象用他们单纯特有的分类法来分类而已。[2] 契丹族用牛、马作为半族图腾,以及

---

① 小川裕人:《关于辽君主权成立的一考案》(《东洋史研究》四卷2号)。
② 铃木二郎:《未开化的社会组织》第六章。

与此完全一致的宇宙观、世界观早已产生于遥远的古代。随着时间的推移，虽说这种生动的原始意识逐渐消失，但其形骸还要长期存继下去，这不是什么怪事，契丹人把天地、左右、黑白等等按照牛马二元分类，同时也分耶律半族和审密半族。以耶律、审密两半族为中心，不断产生社会关系，由此及彼的分类内容与日俱增作为分类内容的一例，这里有必要提出潢水和土河的关系。就像将在下章讨论的白马青牛传说（八部同源论），所显示的那样，这二条河流，一是耶律半族的象征，另一是审密半族的象征。横贯契丹领域的河流，以此二河为代表，分为两个半族所分占，这二条河流从内蒙发源，顺流而东，成为运河上游两河的汇合处。正是木叶山山麓。

　　说到这里，关于祭山仪的含义，即可稍有理解。通过祭祀木叶山，祈祷天地和合安泰河水畅流平稳。这完全是一种原始宗教形态，那是不会错的。与此同时，还希望以天和地、潢水和土河为象征的耶律半族和审密半族和睦团结。在巫术世界，达成愿望的方法和手段，只能是向超越人的神去乞求恩惠，这是很虔诚而非消极的，他们相信积极行巫术礼仪就一定会实现所乞求的目的。祭山仪也完全是这样，因为天地的悬殊，从木叶山可以接近一步，两河到此又汇成一流，选择这样一个地步，举行巫术仪礼，为了实现天地和合，实现两个半族的统一，这正是绝对不可缺少的手段。木叶山成为契丹族圣地，完全与此有关，这是毋庸赘言的。

　　耶律和审密两半胞族，一定要统一的强烈愿望，多表现在祭山仪中。胡剌可汗是根据那个时代契丹部族紧密团结的历史现实，创建这一制度的。只此而已，岂有他哉？也就是说，这位可汗所处时代出现的坚强部族团结，并不是原封不动地继承了前代遗产，正如他的尊号所表明的那样，是他把一度离散的部众（ahu－Zagü）重新集合起来的结果。

据契丹人传说,继阻午可汗之后的首领是胡剌可汗,看来,他相当于自开元末至天宝初任契丹部族长的泥礼。应该说当时由于大势所趋,契丹族的居住区域向东方移动,及至以潢水和土河为中心的时期,就是木叶山成为契丹圣地的时代,这正是天宝末年以后的事。同这一事实对照,就不能不说上述事实不但不同这个结论背道而驰,而且还是一个有力的佐证。我确信,我们必定用不着再补充,已经得到充分的证明,下章论述八部同源论成立年代的时候,还要涉及这个问题,这里权且从略。

这样,胡剌可汗(泥礼)的治世,就当始于开元二十三年。其结束年月则无从考查。在他治下的契丹部族,当然是团结一致,安居乐业,确立了独立契丹态势。这就必然要与唐隔离。因此,有关契丹族的信息就在唐代文献中消声匿迹,淹没无闻,这并不奇怪。像这样的事情并非胡剌可汗(泥礼)治世的仅有现象,后来中晚唐时期也有。就是说,"遥辇氏"契丹越是有进展,唐代文献就越少报道。在这里这个逆命题是可以成立的。《新唐书·契丹传》曾有李怀秀投降的记载。

> 天宝四载,契丹酋长李怀秀降。拜松漠都督,封崇顺王。
> 以宗室出女独孤为静乐公主,妻之。

我们只能像松井氏那样[1],简单地判断为泥礼的后继者内附。李怀秀投降,只有《新唐书·契丹传》有此记载,而不见于《旧唐书·契丹传》、两《唐书》《本纪》、《资治通鉴》和《册府元龟》等文献(仅载公主下嫁事),因而不能不认为,那是营州都督辖下残存的契丹别部酋的有关记录。如果不是这样,而且像《辽史·世表》所说是当时契丹部族一位首领(《世表》谓即阻午可汗),那就意味着契丹部族无端地放弃了脱离唐朝而独立的计划(屈烈·泥礼二代是

---

① 松井等:《契丹勃兴史》。

坚决执行这一计划的,重新内属于唐)。因此,唐代文献,当然要大书特书。但是,从反面来说,对于这样一个大转折点。在契丹传说中,也不应该有遗漏。继万岁通天年间的失败以后,李失活执行和前述完全相同的计划,放弃独立契丹而重为唐的臣服者(大贺氏契丹)在契丹族的传说中是有反映的:

　　　　遥辇洼可汗(李尽忠)之后,国祚中绝。

　　这不是明确指出来了吗?可是对于胡剌可汗之后,继承"遥辇氏契丹"正统的第四代——苏可汗,却在契丹族的传说中找不到暗示"国祚中绝"那样的字句,苏可汗这一称号是契丹帝国(辽王朝)诸皇帝经常采用的,相当于 Swu(上)①,他的定制瑟瑟仪,已达到被后代尊为国礼的高度②,看来,这位苏可汗当就是李怀秀。从历代"遥辇氏契丹的首领中去找复归于唐的李怀秀",这个看法毕竟是很难符合那时的情况,简单地说,李怀秀是在天宝四年投唐,于二月投降,九月离叛,可是旋即叛离,同拥立范阳节度使安禄山的契丹别部酋李楷落一样,他与契丹族的中枢也毫无关系,不过是营州管下一首领而已(如果允许想象的话,考虑到他是李姓契丹的一员,也许他是失去立足点的失活部首领李遇折的余党亦未可知)。自天宝十年至十四年,与安禄山作殊死斗争的契丹族,从团结力和实力来说,一定是在以独立为标榜的胡剌可汗的旗帜下团结起来的统一契丹部族,这是不会错的。

────────────

① 在契丹文兴宗(Ⅱ3)、道宗(Ⅰ2),仁懿皇后(Ⅴ1)和宣懿皇后(Ⅹ115)哀册中,作为皇帝尊号的一部分有𡨋𡨋圭三字。村山七郎教授释为 bogdaqaran,(《契丹文字解读方法》《言语研究》十七,十八),我认为,当"bo〔gü〕te,Sun-tu khaghan(关于契丹文字的解读,《东北大学文学部年报》七)。

② 辽国作为国家礼仪的瑟瑟仪,见于《辽史·礼志》:"瑟瑟仪,若旱,择日同行瑟瑟仪,以祈雨。前期置百柱天棚,及期皇帝致奠于先帝御容,乃射柳,皇帝再射。亲王、宰执以各一射的中柳者质志者冠服。不中者以冠服质之,不胜者进饮于胜者,然后各归其冠服。又翌日植柳天棚之东南,巫以酒醴黍稷薦植柳祝之。皇帝皇后祭东方毕,子弟射柳。皇族、国舅,群臣与礼者赐物有差。"此为维持全契丹族的生计,牧养所必需的草料而举行的祈雨仪,与阻午可汗的柴册仪和胡剌可汗的祭山仪,统称为苏可汗制度,《礼志》中曾大书特书。《国语解》也有如下说明。"瑟瑟礼,祈雨射柳之仪。遥辇苏可汗制。"

如上所述,自洼可汗李尽忠开始,由阻午可汗屈烈来奠定基础而在第三代胡刺可汗泥礼的治下,达到安定的遥辇氏契丹,同不令人满意的"唐的臣服者"——大贺氏契丹相比,可以称为能够克服一切的独立契丹,它造成了以部族统一为前提作为必要条件和态势。从初代松漠都督李窟哥以来,盟主就是以盛名和实力相跨跃的大失活部(乙失革部),下面是代表孙姓契丹的内稽部和代表李姓契丹的失活部作为两大支柱的两半族合体,就是这种契丹部族的联合。为契丹族编造了原始国家形态,当然这不能不说是契丹史上一大转折。

第五节　遥辇氏契丹

我在以上论述中,未加任何解释使用了"遥辇氏契丹"这一名词,尤其是认为有"独立契丹"的含义,但是实际上,关于"遥辇氏契丹"一语,迄今在学术界还没有定论。与其说没有定论,倒不如说没有全面否定或抹煞的趋势。因此,我在这里无论如何也不能不就此有所讨论。

有人认为,遥辇氏契丹不过是一种架空的传说。松井的《契丹勃兴史》和津田博士的《辽制度的二重体系》附录《关于遥辇氏契丹及阿保机祖先的故事》持此说,山川的《关于辽室君主权成立的一考案》、《关于辽的建国》(《东洋史研究》二卷三号,三卷五、六号,四卷五、六号)等著作,又在这个基础上提出新见解,更有所发展。此期间,没有任何人提出过从积极方面反驳这种否定说而论证遥辇氏契丹确有其事的主张。从现状看来,这个否定说法是否得到证实呢? 我的结论是,这些否定说,从根本上都可以看作是错误的,在批判这些说法之前,我在这里提出我个人的看法和论据。

否认遥辇氏契丹者,认为这与历史事实无关而只是单纯的一

种说法,他们的论据归纳起来大致有下列几点:

一、《辽史》几乎不见遥辇这个称呼,与此有关的人名、事件在中国文献上特别是唐代史籍中绝未出现。

二、《辽史》尤其是《世表》中的有关记载随处都有矛盾。

三、唐代契丹的首领一贯都属于大贺氏契丹。从历史观点来看,遥辇氏系统几乎是不可能存在的。

在批判这些否定论据之前,我首先要提出下列基本的三点:

一、唐代有关文献自开元末期以下即告缺如,这不仅对遥辇氏如此,即对契丹一般情况几乎没有什么传于后世。

二、《辽史》所传有关契丹传说并应与《辽史》注释截然分开。

三、对于大贺氏和遥辇氏契丹首领等的世系毫无考虑的理由,这样考虑本身乃是用世袭君主权确立以后的王权概念来看待在此以前的部族国家,这不能不说是不适用的。

就第一点来说,契丹族由于半族或氏族集团分裂,只要是安于内附唐朝,就可能有详细记载也有可能传留于后世。一旦进入完成部族统一、断绝对唐依存关系的转折期,唐史中的有关记载必然杂乱无章,有关大贺氏契丹(唐的臣服者)一类的记录缺少亦属意中事。我认为唐史未作记载这一事实本身就说明(尽管是消极的说明)遥辇氏契丹确实存在。中晚唐时期的契丹族,虽已完成部族统一,可是他们的当务之急是全力以赴摆脱中国的羁绊。因此在唐史中有关遥辇氏契丹的信息,当然个会有。但是决不会长久如此的,一俟独立基础日益巩固,能让他们主动对中国采取行动的时候,遥辇氏契丹这一名称,自然就会出现于中国文献。最初记录遥辇氏契丹的中国文献是《五代史记·四夷附录》,只称五代时期的契丹首领(先于辽太祖的契丹部族长)为"某部大人遥辇",这不能不说是确证。尽管如此,如反以遥辇氏契丹起源于五代,这样解释难免有些肤浅,同时也不能不说完全忽视了契丹人的传说。实际上并非如此。就是这个契丹部族,乘五代多事之秋一扫过去的雌伏而积极入侵中原。结果独立契丹(遥辇氏契丹)的雄姿,又浮现于中国文献,一直流传到现在。这便复活了契丹传说中遥辇氏契丹先世的洼可汗(李尽忠)和阻午可汗(屈烈)等人的生动形象。由于不见于唐史而否认遥辇氏契丹存在乃是不能成立的。

关于第二点,不用说这是两件不同的事。实际上混淆在一起,例如,《辽史·世表》把迭剌部祖先耶律雅里比作《唐书》中泥里,把主动让位给阻午可汗的人比作李怀秀,这就产生了同史实的矛盾(泥礼是自己就部族长之位的,这是事实)。无论如何也不能因为《世表》不足凭信而连累雅里、阻午可汗的传说。当然,口头传说多少有些出入在所难免,对待文献记录的规格来同样对待传说,这就应问问自己是否妥当了。

最后关于第三点,涉及大贺氏和遥辇氏的实体问题。如前所述,民族共同体社会的部族长也系在原则上是不可能存在的。不过,如仅限于唐羁縻州制度,则唐朝封官授爵当然是与首领的地位适应的。但从封官授爵往往同恩荫制度相结合这一点来看,大贺氏契丹(只要是大贺氏契丹就在唐的羁縻政策范围之内)的首领大多数都互有世亲方面的联系(第一代到第三代松漠都督就是最典型的例证),认为有此联系也可能无妨(就契丹羁縻州刺史而言其世袭虽无具体事实可证,但从威州刺史孙敖曹和孙万荣的家世以及松漠都督的事例来推断这样想象可能不错)。但是在实际上,把大贺氏和遥辇氏无条件地都视为王室也会引起误解,有世系联系者只是偶然,是例外,并无任何本质上的规定。以大贺氏契丹为例,出身于大失活部(乙失革部为李窟哥、李阿卜固、李尽忠)和失活部及其他都者(李失活、李娑固、李都于、李吐于、李邵固)如此混杂就是明证。如果来看以脱离唐王朝为目的而未受唐封官授爵的"遥辇氏契丹"就更是如此。这不仅由于异氏族的同一半族之内有

差别,而且异氏族异半族更有差别(对李姓契丹的失活部洼可汗阻
午可汗来说后继者鲜实可汗、昭古可汗是耶律姓,即出身于孙姓契
丹①)。"遥辇氏"把契丹族首领世系都视为大贺氏和遥辇氏,其错
误是不言自明的。

　　综上所述,可见不能不说否定遥辇氏契丹的根据是极其薄弱
的。如未发现可疑的理由,决不应当认为"所谓遥辇乃是阿保机以
前的传说的王家名……与作为唐代契丹的豪族而存在的大贺氏
(松井氏设想大贺氏乃唐代君长血统)并无关连"(松井氏:《契丹勃
兴史》),或者认为"遥辇氏也是这个系谱(津田博士也没有任何根
据地误解为世系)和传说的组成部分(津田博士:《辽制度的二重体
系》)。小川氏提出把遥辇九可汗的年代纵系列视为横系列,并谓
此即唐末契丹九部。这样的武断臆测更不过是一种空想(小川:
《辽室君主权的考察》)尽管不存在什么王室,但是首领是代代相传
的,可将历代契丹族首领的序列按照唐史和契丹传说使大贺氏同
遥辇氏连接起来。只要正确地掌握大贺氏和遥辇氏的不同性格,
就是说不至于弄错两氏的世系,确实从对中国的两种不同政治态
度来理解大贺氏契丹(唐的臣服者)和遥辇氏契丹(独立契丹),这
样看待契丹古代史就能豁然开朗。

　　看清了关于遥辇氏的传说在历史事实中的正确反映,此后最
重要的问题就是解释涉及其本质的名称。本来从否定"大贺氏"
"唐的臣服者"这一见解出发,大致可以推断遥辇氏的含义是"独立
契丹"这个术语我们曾多次使用在结束本节时就来尽可能找出其
原语。因此下文试作考证,当然也不能算是定论。

---

① 史载遥辇鲜实可汗的子孙有耶律敌烈(《辽史》卷七四)、耶律弘吉(同书卷八八)、耶律玦(同书卷九
　一)等。遥辇昭古可汗的子孙在《辽史》有耶律海里(《辽史》卷七三)、耶律阿没里(同书卷九九)。
　可证耶律姓即孙姓契丹。

　　"遥辇氏"在历鹗①《辽史拾遗》一书引赵志忠《阴山杂录》作"阿辇氏",由此可以找出考证其原语的线索。因为《辽史·国语解》释干二行宫之一"国阿辇斡鲁朵"有"国阿辇、收国也"的说法。意为"收国",此乃契丹语,是否能用 kuo－atlien 全部音译? 或者,只把"国"字视为汉语而以"阿辇"为契丹语动词或形动词(相当于"收")? 这是一个烦琐的问题。就"阿辇"而言,蒙古语与中国语结构的不同,能发现近似于 lien 或者是 yao－lien 契丹语中有"收"的含义就是最大的收获。蒙古语动词 ürehü 派生形动词过去形 üre－ge〔n〕和是现在时 ure〔n〕而当做形容词使用,有"聚、整、结束"的含义,与汉语"收"字最贴近。据《元朝秘史》与"辇"同音同韵的"咥"ren 如申木咥 Sin müren、阿勒坦 altan 使用 ü 音则译作阿 a 或遥 yao,这个理由似乎是可以理解的。若此考证不误,所谓"国阿辇"则有"超脱苦难的环境,成为被解放的自由之国"orun－〔i〕üre－n("收国")的意义,谓"遥辇(阿辇)氏契丹"的本义为"独立契丹"可能没有什么障碍。

　　我在上文论证了自唐以来存在的"独立契丹"这一称呼,认为遥辇氏契丹不像人们所说的是架空之物,大贺氏也好,遥辇氏也好,其表现方面确实使用了像系谱那样的语句,因此很容易使人从表面上加以解释,结果就产生种种错误的判断。其实并非如此。所谓"大贺氏契丹"是安于内属于唐的,遥辇氏契丹则相反要自由独立的;正因为如此,他们当然与系谱毫无关系,不如说他们同契丹族的社会发展有联系(由半族对立、契丹族不统一到结成部族而向完成统一的方向发展,即从大贺氏契丹向遥辇氏契丹推移。事实的真相就是这样)。

---

①《资治通鉴考异》引用赵志忠《虏廷杂志》不作"阿辇氏"而仍作"遥辇氏"这是错误的。正确的是"阿辇"、"遥辇"皆通,这样就可以根据 a－lian 和 yao－lian 求其原语。

第五章　契丹部族制国家

第一节　构成部族的内部统一组织
——阻午可汗八部

契丹族结成部族的具体标志是各氏族集团、各自分属于耶律、审密两半族者重新改编组成所谓"遥辇氏八部"。因为,半族虽说是高于氏族之上的社会集团,但在本质上说归根结底依然囿于血缘意识之中,看不出有超越氏族行使支配形态的公权。与此相反,只有以共同的语言、共同的利害关系、相近的习惯和共同的命运等历史地理上的亲近关系为基础,才能产生这一体现而达到部族结合,才有开始行使公权的余地。换言之,最低限度在政治上团结起来的部族集团,尽管是血缘互异的血缘集团,也能结成单一的社会集团。从组成契丹部族的鼻祖"无上可汗"李尽忠和临时代理者孙万荣身上始终可以看到李姓契丹和孙姓契丹同在一位统率者领导之下联合的事实。可是这次部族联合由于战败而未能开花结果。以后就进入了被唐和突厥两大势力分割而沦为隶属的苦难时代,还经过李失活率领附庸于唐的时期,到阻午可汗屈烈之世又逐渐重现了部族统一。我们看到以可突干为代表的耶律半族和以李遇折为代表的审密半族共戴一位首领的体制。阻午可汗是遥辇氏契丹的奠基人,除无上可汗外,有时还称他为元祖,这不外是与万岁通天年间契丹部族的不振,同开元年间进一步得到整顿和发展相对比的缘故。阻午可汗编成的所谓"遥辇氏契丹八部",在某种意义上可以成为表明部族制安定的唯一典型标准。

　　阻午可汗在部族内部编成新集团仅见于《辽史》(卷三二,《营卫志中》;卷三四,《兵卫志上》),其实记载也很混乱,虽然说阻午可汗(一作耶律雅里)新编二十部,所列举者仅八部。又说什么是分战后余众旧五部为八部同时增设十二部。总之,如在第一编第二章中所述,这一复杂情况,与所谓太祖十二部这一历史事实相似。如果是后世以太祖十二部为根据所作的设想,那也不过是太祖二十部的所投影而已。我们不能被《辽史》的混乱记载所迷惑,只能信契丹传说中确实有名称流传下来的八个集团。自《汉高祖实录》到《五代史记》、《五代会要》、《东都事略》等五代宋初所纂史籍,无不记载辽国以前的契丹集团共为八部,参照《辽史》亦有所谓阻午可汗八部,这可能是没有错误的实在情况。就阻午可汗八部而言似与第一编第二章略嫌重复,兹仍表列如下:

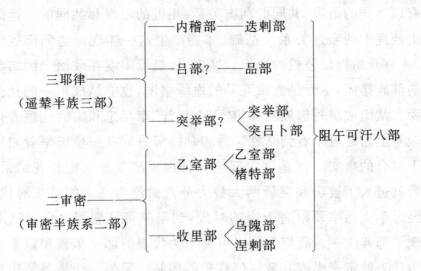

　　阻午可汗八部就是所谓"遥辇氏八部",特点是由李姓契丹和孙姓契丹混合组成。而且在以后建立契丹帝国之际,此八部原封不动地成为核心力量,我们应该特别注意这一点。自《汉高祖实录》以下五代中国史书所载契丹八部的内容全无二致。从道理上说,阻午可汗八部也应该是完全相同的。但是像小川裕人那样①把"遥辇氏八部"同"大贺氏八部"等同起来，或者认为"阻午可汗大部"与"遥辇氏八部"风马牛不相及，这些见解应该说都是无视契丹古代社会的内部发展，无论如何也不能支持。"大贺氏八部"发展成为阻午可汗的"遥辇氏八部"，更进而扩大到太祖的二十部。这正是如实地反映了契丹氏族社会经过部族达到部族联合（契丹同奚的结合）而因大势所趋建立辽王朝的过程。现将从"大贺氏八部"到太祖二十部的脉络按照部名的变迁列表如下。我们应当注意与上述过程有关者，即说明这些集团的性质所发生的变化。也就是说，这些古典民族集团有的走向部族联合，有的仍可能停止在原来的氏族阶段，如果其间发生变化，那又是什么样的变化呢？这便是问题的焦点。

由表可见，所谓二审密、三耶律那时是由相当多的古典氏族拼凑而成的五个集团。据《辽史·营卫志》（卷三二）：

> 时契丹因〔孙〕万荣之败，部落凋散，即故有族众，分为八部……

这就是说，万岁通天年间因败北而凋零的部众已全被收拢，但在此时是否为史文所说，败窜的契丹只剩下耶律系三部与审密二部，其余者都濒于灭绝。应当这样认识吗？果真如此的话，二审密、三耶律从道理上讲就会仍旧保持着原来的古典氏族性质。尽管说战败损失惨重，投降唐朝者居多，但不可能出现这样截然不同的情况：一个氏族或是全数绝灭，或是投降唐朝。相反，某一氏族也可能像过去那样残存下来，聚集在阻午可汗的旗帜之下。如果是三五成群的残部的聚集，则由于战败受到重大打击，每一集团只

---

① 小川裕人：《读桥本增吉氏"辽的建国年代考"》（《东洋史研究》一卷五号）；同作者：《关于辽室君主权成立的一考察》（同上，三卷五号）。小川氏在上述两文中比定了达稽部＝旦皆利部、纥便部＝奚嗢部、蜀活部＝实活部、芬问部＝频设部、突便部＝纳尾部、芮奚部＝内会部、坠斤部＝集解部等，他并说明其中有七组语音相似。其实，几乎没有一对是相似的。他把"大贺氏八部"原封不动地比定为"遥辇氏八部"，根本是错误的。因此这种比定等于毫无意义。

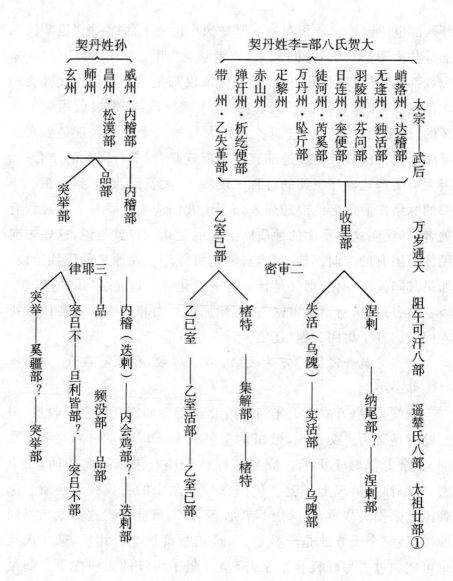

① 关于"遥辇氏八部"（据《辽史》的表述法，为此称呼阻午可汗以后。太祖以前的契丹八部），中国文献很少记载，兹据冈村博士《唐代的契丹族研究》一文列举如下：
　　1.且利皆部　2.乙室部　3.频设部　4.纳会鸡部　5.集解部　6.实活部　7.纳尾部　8.奚嗢部

剩下为数不多的成员，就不可能恢复原来氏族的旧貌。因此，也许重新改编为五个新集团，并且在改编为新集团的时候，决不是没有照顾到血缘的关系。统一氏族当然不能忽视氏族纽带，而是把半族的连系也很好地保存下来。这就是说，只合并属于同一半族的各氏族。这样改编的五个集团就是二审密、三耶律，也就是李姓契丹的二个新集团再加上孙姓契丹的三个新集团的组合。

诚然，根据看法的不同，这与其说是氏族统一，不如说是氏族的收养（adoption）。"收养"与出世、婚姻并列，是构成氏族成员的第三种方法。这不仅适用于个人，而且适用于氏族全体的事例也不少。尤其是在人口过少的氏族中，往往有一部分氏族被其他氏族所收养，这是司空见惯的。史禄国在通古斯族的调查报告中，也曾论及此事①。对于改编因战败而人口锐减的契丹氏族用氏族收养来说明是很确切的。如果真是氏族收养，结果产生的二审密、三耶律，当然就不可能是原来的古典氏族集团。这样考虑是否合适呢？如前所述，从契丹诸氏族人口锐减来推断，恐怕是在各氏族中加添了大体相等的数目。就像二审密、三耶律的名称所表明的那样被改编的新集团，有理由认为他们之间无论如何也维持着半族的联系。所以我仍视为同一半族内进行的氏族合并。这样解释似乎是很稳妥。②

以往松漠府系统的八氏族，按照原来的兄弟氏族在同一半族内部新编为乙室、收里二个叒合氏族，孙姓契丹诸氏族也同样是三

---

① 史禄国：《北方通古斯族的社会结构》，第四章第四节。
② 二审密、三耶律这五个集团，可以想象成立在原来各氏族统一以后。二审密前冠乙室、收里这个名称，也可证明这一点。此乙室、收里即据《辽史》，乙室已、收里。

　　乙室已是乙失活 yike Sigū（中古音为 iĕt－Si̯et－ruat）的变音，yike sigus 就是"大失活部"。收里是失活 sigū 的集合名词 sigu－lik 或有"众多失活集团"的含义。如果允许这样说，采用复数和集合名词的形式，作为新集团的名称，虽个是同一半族的氏族，不能互相收养（假如是收养，则收养的氏族名称定能续传），但可逐渐统一，其代表性名称亦略有改变。不过从新称呼中也能找到一些蛛丝马迹。

个兄弟氏族所形成的复合体。所谓阻午可汗八部,就是以具有这种特征的二审密、三耶律的基础,经过进一步组编排而成的集团。仅就这一点来说,已经不是古典氏族而是氏族的变合体。对此可能是不会有任何异议的。

　　阻午可汗八部虽说已经不是单纯的古典氏族而已经变为复合体,但只要是兄弟氏族的变合体,就决不应列入地缘集团的范畴之内。这并不是把氏族祖先不同、氏族名称各异而毫无关系的氏族集合在一起,因为他们是互有血缘联系而具有共同意识的兄弟氏族,作为这种兄弟氏族的变合体,阻午可汗八部在本质上不能没有血缘集团的性质。直到契丹帝国(辽王朝)建立的时代,其种族集团有四个范畴:

　　　　部落曰部。氏族曰氏。契丹故俗,分地而居,合族而处。有族而部者,五院、六院之类是也。有部而族者,奚王、室韦之类是也。有部而不族者,特里特勉、稍瓦、曷术之类是也。有族而不部者,遥辇九帐、皇族三父房是也。(《辽史·营卫志》卷三二)

　　这里以迭剌部(五部、六院)每一类包括辽代契丹八部(与阻午可汗八部相同),由此也能看出阻可八部的性质是"以族为部",也就是明显地表现了属于血缘集团这一部类。

　　构成契丹部族的八部,如上所述,依然就是保持着血缘关系的集团。这一点虽无改变,但已失去了古典氏族的纯洁性。像这样的氏族复合体,从定义上说,它具有与半族完全一致的本质。但是耶律、审密两半族中还各自包含四个可称为小半族的兄弟氏族复合体所组成的契丹部族,其内部构造比过去可能会有巨大的质变。因为随着原始国家的建立,氏族所无的公的职能,半族则可有之。作为兄弟氏族复合体即小半族的阻午可汗八部,在契丹部族制国家之下虽未成熟,但已具备走向一种政治统一体的可能性。而且在事实上不仅停留在可能性阶段，还正在向现实性方向渐进。关于这个典型事例，我们从右大部和左大部的机能中可以充分看到。

所谓右大部、左大部，已如前述：

> 有耶律雅里者，分五部（二审密、三耶律），立二府以总之。（辽史·兵卫志》卷三四）

这里所说即相当于二府。构成契丹部族的八个半胞集团——遥辇氏八部（阻午可汗八部），按照耶律、审密的系统，每四个成为一组，又分为左右二部。当然，此所谓二府乃各自统辖耶律系四部和审密系四部。换言之，这不可能不是耶律半族的代表者和审密半族的代表者，只是在这个时候两半族为何区分左右呢？对于这一具体问题，因史料缺乏，很难下正确的断论，令人不无遗憾。若加以概略论绝，如在第一编第二章所述，则右大部是耶律系，左大部似乎是审密系。姑且许可如此论述。当然，把右大部比定为审密系中的最有力集团乙室部，这样也可以恰如其分。史载：

> 当开元、天宝间，大贺氏既微，辽始祖涅里（耶律雅里）立迪辇祖里为（遥辇）阻午可汗。时契丹因（孙）万荣之败，部落凋散，即故有族众，分为八部。涅里所统迭剌部自为别部，不与其列，并遥辇、迭剌亦十部也。（辽史·营卫志》卷三二）

这一叙述多少有些不明显，《营卫志》所说的真正意思，正是迭剌、乙室占据右大部、左大部（所谓二府）这一事实。因为此时的遥辇部，很明显就是阻午可汗所统辖的集团即乙室部。所谓八部以外称为别部的二部，从契丹部族的编制来说。除去右大部、左大部外，再也没有可与此相比的集团。把右大部、左大部具体比定为耶律系迭剌部、审密系的乙室部。尽管还有些牵强和不确切之处，但也无关重要。无论怎么说，八部之中只有迭剌部和乙室部是与此相当的。仅仅强调这一点，也就足够了。这里要说的着眼点是，阻午可汗已经脱出古典氏族的领域。成为具有兄弟氏族复合体新性质的契丹半胞集团。正因为如此,其中的有力集团(迭剌部、乙室部)就能主动发挥其小半族性质(正如从大贺氏契丹各首领那里所看到的一样,是羁縻州刺史的支配权。不用说,这不过是唐朝官僚制度这一外因所起的作用),也就是说,氏族永远不可能拥有的公权,而半族则可在政治上获得统治者的地位(所谓"立二府以总之"就把情况说得很透彻)。

自从阻午可汗组编所谓"遥辇八部"以后,才开始完成契丹两半族的统一,这也正是把契丹族提到部族的高度。把两个互不相同的血缘集团以对等的形式包容在一个首领之下。为了树立这个新整体社会的秩序,当然需要一种新的支配原理,说新的支配原理在语言表达上还不充分,还要有一种比新的支配原则性质更高的东西,换言之,要有超越血缘关系的支配原则,这样一来,便正式出现公权力。尤其是构成契丹族细胞集团的八部既已超脱古典氏族而彻底变为氏族复合体,在他们之间作为新的支配原理而出现的公权力,并不限于居于顶端的部族长一人,对于这些细胞集团的首领等以及各半族代表者,都允许有此公权而不使其向隅。这样一个具有原始官职的情形,恰恰是与部族制国家即原始国家的名称相适应的。

第二节　结合部族成员的统一意识
——契丹八部同源论的成立

氏族各有不同的氏族祖,是这个氏族祖的真正子孙,或者由于真正子孙这一信念,氏族在互相结合起来的古典氏族社会中,不言而喻,是唯一的、永恒的集团。可是,在一个单薄的氏族集团对于处理各种事态感到棘手的时候,便要产生建立更大集团的要求和意志。因此作为通例,半族便普遍起作用。随着原始国家的成立、氏族崩溃后，半族仍然保留，只剩下市民登记、婚姻登记、告发杀人犯等若干公权，在这方面古代希腊[①]是最明显的例证。但就一般来说，半族仅能在一朝有事之际发挥团结的力量，当未达到血缘关系的境地，毕竟不是及单纯同一祖先的信念所组成的血缘集团。说到底，这也不过是部族与部族之间的中间环节性质使其如此而已。在这一限度中，以氏族祖为中心的结合意识，一定要通过部族结合前的全部阶段。因而在一个种族内部，不可避免地有多种多样的中心同时并存。这种多元性的结合意识，对于结成部族的现实问题可能是非常适合的。

所谓部族是从已经经历过的前一阶段氏族社会中产生出来的，深感结合意识的一元化很有必要，但是以氏族祖为中心的一些错综复杂的情况，对此一概否定，并且毫无取而代之的希望。此时情况尽管复杂多样，但有一个留传下来的不同而又相同的论理，能够起到调停的作用。在未开化的精神中，不能不采用一种普通的"关系法则"（精神法则）来解决。关于这一点，就契丹族而言，如在第二编中所述白马青牛的传说，正是这样的实例。八部各有祖先（＝氏族祖），在这里都成为以神人、天女为共同父母的弟兄，而且这个神人、天女各自以白马、青牛为象征，成为耶律半族（马半族）、审密半族（牛半族），就是这个传说的内容。他们虽说有共同的氏族祖，都分为彼此不相隶属的八个独立集团，又以半族、图腾为中心，他们相互之间又不能不区分为两个不同的集团。这便如实地反映出契丹部族内多元化的关键。另一方面，他们之间又设定了父子、夫妇、兄弟关系，这是把多元化成功地变为一元化的手法。

契丹氏族的八部同源说，可从其内部以多元团结为中心这一点来改换为统一意识的形式。的确，像这样的课题，从我们这方面

---

① 摩尔根：《古代社会》第二篇，第九章。

来说,并不含有错误的论理,但从未开化心理来说,恰恰是颠倒了因果关系,因为对于集合上发生的情绪论理所支配的未开化心理,这种新说法的出现,决不是由于特定的个人或者是特定的一部分人的创造所产生的。只要是同时代人,不分彼此同样都能诉诸于这样的感情。事实表明也不能不如此。就是说,这样的共同感情发生在先,后来又采取了以后产生的新说法的形式,因而不能不颠倒过来讨论这一命题。即作为部族的统一意识在部民之间兴起之后,很自然地就在众人之间的情绪上产生对各氏族祖的亲近关系,这便导致产生出氏族祖兄弟关系。一般氏族成员之间也产生这样的同感和共鸣。当然,更走在前面的是他们在某一时期经过的现实生活。"八部同源论"的出现与部族的实际形成,其间有一段时间上的距离。预先考虑到这一点,同源论才能成为有深远意义的问题。

田村博士对于契丹族的中心居住地域作了详细考察,结论是契丹向潢河、土河方面移动的时期大体上是在开元末至天宝年间,从而把这些地域作为"八部同源论"成立时期的地理舞台,其后即这个时期的延续。我对这一见解是赞同的。那正是相当于遥辇氏契丹第三代部族长胡刺可汗、或者第四代苏可汗的治世,无论是胡刺可汗或苏可汗,他们的治世都是所谓遥辇氏契丹奠基人阻午可汗屈烈治世年代的持续。阻午可汗八部即遥辇氏八部作为契丹族内部的统一组织使契丹人团结在唯一的部族长之下,是经过较长时期的。在胡刺可汗、苏可汗的治下,契丹族没有遇到任何阻碍和干挠,在自然感情之中,就像说明共同的部族祖那样,成立了八部同源说法。在此以前的漫长岁月中,他们则体验了作为部族的现实生活,从这一点可以看出阻午可汗屈烈结成部族的真相。

八部同源论一种特点是,以耶律半族(以骑白马的神人为象征)代表男性,以审密半族(以驾青牛的天女为象征)代表女性。如上所述,如果这个故事是现实的反映,由此也能推测出契丹部族内部发生了一个重要变化。如此说来,遥辇氏部族长世系是,第一代为乙失革部"无上可汗"李尽忠,第二代同样是乙失革部阻午可汗屈烈;如果第三代胡剌可汗和第四代苏可汗都同样出自审密系氏族,当然是审密半族的男性再加上耶律半族的女性为代表,可是传说恰恰与之相反。关于胡剌可汗和苏可汗的出身问题,只有这个是唯一根据,然而由此也能充分想象出是耶律的系统。自苏可汗以后第七代遥辇可汗、第八代巴剌可汗、第九代痕德堇可汗,都无从决定其出身外;其他如第五代鲜实可汗、第六代昭古可汗(嘲口)等都属于耶律系[1],由此看出可能这在部族长更替上具有深远意义。因为,随着部族制国家的稳定,开始逐渐出现了王权萌芽的自然趋势。胡剌可汗以后的部族长,似乎被耶律半族所独占,按照这一事实,可以认为在契丹部族制国家中也次第出现同样的情况。自胡剌可汗以后约一世纪即进入第十五世纪后,就很早以遥辇氏契丹为母胎建立了契丹帝国(辽王朝),这一预测大体上是确实的。特别应该看清这个帝国不是审密半族而是由耶律半族的首领所领导。

在已确立部族一体化的统一机构、具有团结部民统一意识的契丹部族制国家中,于此相适应的王权萌芽当然早已出现亦未可知。关于这一点,我们将在后文论述。

第三节　部族长的地位——遥辇氏九帐

由阻午可汗屈烈重新编的契丹部族,并不只是单纯地改编为八个细胞集团(遥辇氏八部而是在此之上,又设立右大部、左大部

---

[1] 关于鲜实可汗和昭古(嘲口)可汗,已在前章第五节注[1]中述及。

即所设二府）。如前所述。可是这是二个府：

> ……立二府以总之(八部)。

此二府不是与其他八部有同等地位的集团,而是与契丹八部相反,实际是契丹部族立体结构造型的一个机关。二府既然有此内的性质,其执行者二府总领(具体地说,右大部是雅里,左大部是阻午可汗)之上,必然要有官职作为先驱。《辽史·刑法志》(卷六一)说：

> 及阻午可汗知宗室雅里之贤,命为夷离堇,以掌刑辟。

这不是证实了右大部总领雅里执掌着裁判权吗！关于夷离堇这一官职,《国语解》释为"统军马大官",无论那一个是官职,或者属于官职的称呼,这是肯定的。除夷离堇外在《册府元龟》上还看到一些可能是契丹族传下来的称呼,如衙官、衙将、将军等。为了慎重起见,把挞马狘沙里(管率众人之官)于越,总知军国事〔官〕等……官职排除在外。在帝国建立以前的部族制国家时代即已存在。在《辽史·太祖本纪》中已屡见不鲜。对此毫无置疑的余地。在那时已经产生了公权力。从道理上说,当然应由部族制国家最顶峰的部族长最强烈而又最具体地表现出来。其实际情况又是什么样呢？

契丹帝国——辽王朝统治下的各种族,按其集团性质,可以大致区别为四个范畴。前文已经定及。现就此问题再重新讨论,不外是由于其中含有对部族制国家君长权应当持有的态度的最恰当的例证。这四个范畴就是：

一、"部而不族者"：如特里特勉、稍瓦、曷求诸部。

二、"部而族者"：如与奚、室韦诸部。

三、"族而部者"：如迭剌部(五院部、六院部)以下诸部。

四、"族而不部者"：如遥辇氏九帐,皇族兰父房。这里先说第一类即"部而不族者",可以一目了然地看出这同血缘毫无关系,不过是彻头彻尾的地理上的集团而已。以特里特勉总部为例：

> 特里特勉部。初于八部各析二十户。以戍奚，侦侯落马
> 河及速鲁河侧，置二十详稳。圣宗以户口蕃息，置为部。设节
> 度使，隶南府。戍倒塌岭，居橐驼冈。

> 稍瓦部。初取诸宫及横帐大族奴隶，置稍瓦石烈。稍瓦
> 鹰坊也。居辽水东。掌罗捕飞鸟，圣宗以户口蕃息置部，设节
> 度使，属东京都部署司。

> 曷术部。初取诸宫及横帐大族奴隶。置曷术石烈。曷术
> 铁也。以冶于海滨、柳湿河，三黜古斯、手山。圣宗以户口蕃
> 息置部，属东京都门署司。（《辽史·营卫志》卷三三）

即可大致说明了上述这一点。那都是与血缘无关的人户，是为便
于达到特定的目的，而被集中到一个地方安置起来的集团，只有村
落、行政区的划分，早已全无种族概念。特里特勉等部起源自太祖
朝，至圣宗朝始被编入所设圣宗三十四部。他们主要是在契丹帝
国建立以前是没有任何关系的集团，这样说我想是妥当的。

　　除了"部而不族有"一类以外，其他兰类虽有集团大小、地位高
低的差别，却具有血缘集团的基本性质。首先，将"部而族者"与
"族而部者"加以比较，无论如何也不能解释为氏族集团的结合体。
因而"族而部者"在形式上就是全体同族成为一个集体占据着一定
的居住区域，这当然相当于典型的氏族，与此相反，内容复杂而定
义完全不同的"部而族者"则是一个部落，一个相当于一个单一同
族团体的全体，就是说，这里包容着许多氏族的种族之设。奚、室
韦是属于前者（部而族者）这一类。迭剌以下的八部，则相当子后
者（族而部者），这样说似无不当。只是同时，我们不能不看到室韦
一类。自编入太祖二十部之后，才成为契丹帝国成员这一历史事
实。契丹族对丁奚、室韦这样较大的种族单位，若不是实行完全征
服，就是采用部族联合的形式加以结合，此外别无他途。这使我们

认识到：如果不是契丹帝国建立，或者契丹部族制国家达到成熟顶峰期的话，上述情况就根本不可能实现。"遥辇氏契丹"君长权扩展过程中的情况，不能不认为是与此无关的一些集团。

这样逐一说明了种族分类的四个范畴，就可以看到，在契丹帝国成立以前，即契丹部族制国家时期所存在的四个集团中，只有第三、四两类，有此资格。第三类"族而部者"即迭剌部以下八个细胞集团。若专门举出其内容变化（从古典氏族脱胎，复为兄弟氏族的复合体），则与部族制的成立有紧密的表里关系，其详已如前节所述。本节则对第四类"部而不族"者，则遥辇氏九帐的性质加以分析。

所设"族而不部者"，照字面解释就是居住区域并不相同的同族集团，他们虽说是由血缘纽带结成的集团，但是住地不同，这相当于已从自己所属的氏族分离出来，变成了独立家族或宗族。例如乙室部一家族（或宗族）分出独立以后，因为是家族（或氏族），本身当然是血缘团体，无论怎么说也是乙室部成员的一部分。虽然如此，但既已从氏族中分出，毕竟与其他乙室部人住地不同，所以不能不说这是"族而不部者"。这个集团，原有遥辇氏九帐，到契丹帝国时代，又产生了横帐三父房（孟父房、仲父、季父房）即帝室宗族和国舅帐（收里大、少父房，乙室已大、小翁帐）即外戚氏族。所设遥辇氏九帐，就是洼、阻午、胡剌、苏、鲜实，昭古、耶澜、巴剌、痕德堇等九位可汗——契丹部族九代部族长的家族、宗族，各自所属的氏族分离出来独立而又结成势均力敌的集团。

可是，遥辇氏九帐的皇权是建立在中国官僚制度之上的，在独裁权、世袭权已经确立的契丹帝国，辽王朝也是这样：

即位元年正月庚子，诏皇族承遥辇氏九帐为第十帐。（《辽史·太祖本纪》）

由此看来，他们是拥有不下于帝室宗族的权势，可想而知在帝

国建立以前其相对比重之大。在太祖登权前夕，耶律曷鲁曾极力
劝进，他说：

　　……且遥辇九帐菶布，非无可立者，小大臣民属心于越
（指太祖），天也。（《辽史·耶律曷鲁传》）

这说明他们各自拥有足可与辽王朝创始者太祖争夺权位的威
势。遥辇氏九帐这方面的权势，不言而喻，是出自过去处于部族长
地位的那些可汗的余荫。部族长的权威，并不限于一己之身，或其
一生，即其子孙一族都能沾光，因此，部族长这一地位本身，不能不
说已经达到相当的顶峰。赵志忠撰《虏廷杂记》关于过去契丹首领
的地位是这样记载的：

　　凡立王则众部酋长皆集会，议其有德行功业者立之。或
灾害不生，群牧孳盛，人民安堵，则王更不替代。苟不然，其诸
酋长会众部，别选一名为王，故主以蕃法亦甘心退焉，不为众
所害。

这与前述情况相比，不是有很大的悬殊吗？被罢免的"王"，遵
照习惯，甘愿更替，这正是出于成员的意志而被罢免的。被罢免
后，他便同一般成员一样，只是一名士兵，一个私人①易洛魁氏族长
的阶段，就是这样。同已经结为部族的遥辇氏契丹君长不同。

　　阿保基〔太祖〕变家为国之后，始以王族号为横帐。

这样理解，就与《虏廷杂记》所记载的没有矛盾。不过，实际上
并非如此，遥辇氏契丹的部族长既已具有近似君主的权势，后来的
继承者耶律阿保机又把这种局面向前推进了一步。直到"变家为
国"。号称可汗的历代部族长家族（或宗族）都与各自所属的氏族
分离独立，而且拥有世袭权威，由此，可以大致理解其梗概。

　　从部族所具有的本质来说，部族长作为首长必须与或多或少

----

① 见摩尔根：《古代社会》Ⅱ，第二章。

的公权力。这种公权的授与，恰好说明部族长被置于一般成员不同的地位，此为君长将被升到王者高度的一种源泉。虽然如此，却不能认为所有的过程都是自动的作用带来的。公权力的保持者由于有效地行使这种权威，首先不能不在自己周围聚集各种具体势力而提高权威，再进一步提出权威就使之变为巨大的力量而附着于部族长一身。从这一过程持续当中即可发现向王权发展的途径。所设的具体势力，不言而喻，是指武力和财力。

游牧民族的武力和财力，是由所能支配的人口、头匹的数目决定的，尤其是在他们建立国家以前。人口头匹的数目，虽与自然繁殖有关，但与外族或同族进行战争，而从事掳掠也有急剧增加的可能。特别是从事征战所得到的人口头足，并不限于归个人所有，例如遥辇氏契丹第五代部族长鲜实可汗卤获奚族七百户便是这样：

> 迭剌迭达部，本鲜质可汗所俘奚七百户。太祖即位，以为十四石烈，置为郡，隶南府节度使……（《辽史·营卫志》卷三三）

如果想象为迭剌部全体的共有物，其他方面亦分享之。但是就在这里面，除氏族共有以外，这无疑是使一些特定家族、宗族富裕起来的原因。与此同时说明前述稍瓦部、曷求部的起源。

> 初取诸宫及横帐大族奴隶……

这里是明言所设奴隶，下文所说的籍没者，可能在这里也占一半。无论如何这是作为战利品的人口（头匹）归个人所有的不可动摇的证据。贫富、强弱的差别就这样发生在遥辇氏契丹部族中间，在考察这一情况时，使人不禁联想到，在十一、十二世纪末期蒙古氏族制社会，富裕的家畜的所有者，从与氏族成员共同居住游牧的 küriyen 分离出来，采取了家族独居而游牧的 agie 形式这一事实，可能给我们一个极为深刻的启示。因为就契丹部族而论，最大的武力、财力持有者是部族长，作为这个部族长的家族、宗族遥辇氏九帐，即"族而不部者"，这就是把蒙古形式延长的典型集团，而大放其异彩。

然而，谈到公权力把持者的权威作为一个问题的时候，仅指出俘获项目而不涉及贡纳和籍没者的话，就不能不说遗漏了核心问题。因为公权力的把持者，只能依靠贡纳和籍没，才能排他性地独占隶民和头匹。请看《辽史·国语解》对舍利这一官名的说明：

> 舍利，契丹豪民耍裹头巾者，纳牛十头，马百匹，乃给官名舍利，后遂为帐官，以郎君系之。

像这样的习惯，并不是在契丹帝国建立后突如其来的。而是由以前延续下来的。现在既然产生了公权，让与一部分公权的形式，当然不可能不会出现。这种纳贡属于国家基本性质之一而成为征税机能渊源的，不用说，这是应该垄断在部长手中的。

就籍没犯罪者来说，可以说与此有同样的结果，正如第一编第一章第一节所说，对被籍没而编入奴籍的人，辽代称为著帐户（《辽史·百官志》卷四五、《国语解》卷一六）：

> 凡世官之家，泊诸色人因事籍没者，为著帐户。

不言而喻，这个名称主要是指被分配到官帐的隶民。此事也可从反面加以说明。例如，《辽史》有关瓦里的记载：

> 瓦里，宫府名。宫帐部皆设之，凡宫室、外戚、大臣犯罪者家属没入于此。

只有辽代对于宗室、外戚、大臣等特权阶层犯罪者的家属，都给于不同于一般的处理。在这样的特权阶级尚未没全形成的前代，当然犯罪者所有的家属都籍入这个瓦里[①]，至于当时所存在的

[①] 瓦里的原语，应求诸于蒙古语动词 ugahu，转化名词 uga—ri，即在动词词根上附以结尾—ri 构成名词。众听周知，这是表示接受动作的物或场听，ugari 即"洗罪的场听"的含义。在意义上，这是很恰当的。《元朝秘史》有听谓乞瓦（kiwa），答阿哩台（Daritai），瓦里当即 wa—ri 而 ugari＜uari＜wari＝wali。

官帐，那并不专限于部族长，换言之，①只有遥辇氏九帐，才有可能收容这些籍没者，而且，并不只限于人口，作为犯罪者家产的布匹，也不能不一并包括在内。

　　公权力的最高把持者部族长，通过这样的俘获、贡纳和籍没，就把大量的隶民和家畜聚集在自己周围。最后他的家族、宗族从氏族中脱离出来，结成压倒民族的有力集团。这就是所谓"族而不部者"遥辇九帐的实际情况。所谓位于部族长之下的一些官属，也或多或少地走过同样的道路，兹不赘述。这虽与巩固确保世袭制绝对权的王权，还有一段距离。但部族长所掌握的公权力，如能顺利进展，其实现也不过是时间问题而已。关于官制、税制的整顿虽不能期待过早，但也可说官制出现的开端，即表现了原始征税的雏形，军队、法律或裁判等所谓国家施设和机关的大致萌芽。说明称遥辇氏契丹部族制国家，并不过分而恰如其分。

---

① 洼可汗的宫分人有：萧夺利（《辽史》卷九二）萧得力特（《辽史》卷一一一）、萧特烈（《辽史》卷一一四），鲜实可汗的宕分人有萧阔冽（《辽史》九五）、嘲古（昭古），可汗的宕分人有萧达鲁古（《辽史》卷一一一）

　　以上即《辽史》中有关遥辇氏九帐宫分人的全部记载。这些辽王朝时代的例子。也有助于追溯部族制时代。

结　语

　　以上所述三编十一章的内容，归纳起来一句话，就是像标题所表明的那样，一心想要弄清契丹古代史——契丹部族制社会的实态。要正确理解这个征服王朝的最初阶段。这个在中国历代王朝史上具有特殊性质的契丹帝国——辽王朝的建立及其构造和发展，非常必要弄清帝国建立以前的部族制社会如何组织起来以及如何变迁的。不仅如此，弄清契丹部族制社会对于自匈奴到女真族，连绵不断的塞外北方民族史，也能迂回曲折地提供一个基础。带着这样的意图来进行研究，专赖中国方面的资料，不论怎么说也能大体上达到这一目的。现在这里重新回顾一下讨论的思路，并就其中要点略加叙述。

　　本书第一编自始自终是以组成契丹部族的基本组织为主要内容，即列举出和分析。在半途已经失去活力，而在帝国时代契丹族社会中已经沉淀的社会制度——耶律、萧两姓的机能，并确认这是契丹部族轴心的半族的残渣，其结果即形成八氏族（氏族复合体）、两半族所组成的二分体制的社会全体，从而得出由此直接发展成为契丹部族这样的结论。

　　契丹部族中有半族存在，这乃是一种常识是从结局并无不同的图腾崇拜中开始看出的。我们在北亚细亚游牧民之间（所谓游牧民，其起源是否都如此则不敢断言。倒不如说从狩猎向游牧民过渡中可以确从一部分。悠远的古代发源的图腾崇拜，应当是狩猎民的图腾崇拜——图腾崇拜狩猎文化论）。寻觅可以认定有此征候的事例，再把问题的焦点转移到契丹族，便可获预期的成果。即耶律姓是马 jala—ga，jalu—gu 半族审密姓（萧姓）是牛 sar—mut 半族的半族图腾崇拜。因而从作为原始民族的半族这一立场看来这是理所当然的。由此即可引出图腾氏族的本源，其要领则如第二编所详述。

本书第一编、第二编就是这样从年代上，从下而上进行探讨。首先是从图腾氏族开始的契丹族分裂构成两个半族，继而两个半族进化而为一个部族，我们可以这样，大致把它抽象的公式化。通过这样的上、下关系，大体上建立了契丹部族社会的骨骼。但这毕竟是没有血肉的骨骼，所设的社会构造，无论如何是人活在其中的，他们共同地生长发育，逐渐衰老。这里既然是人的集团经营生活的场所，特别着眼于观察和记叙社会连续发展的历史学，就能在这里发挥其作用。第三编就是从这一观点出发，为掌握契丹部族社会的变迁和发展而写的。

契丹族的最古的记述从文献上只能探索到四世纪，自此以后至十世纪帝国成立这一时期，是第三编论述对象。这个时期可以大致分为三期：北朝期——古典氏族时代，唐代前期相当于半族，即活跃时代；唐代末期——部族形成年代。古典氏族时代所起的急剧变化，是与唐王朝政治上的接触，结果表现在羁縻州政策方面，这里就是松漠都督府的李姓契丹（审密半族），虽说这是半胞族，但却实现了接近部族本质的政治统一体。内附于唐，则促使契丹内部社会迅速进化。不久，又不能不感到内属于唐反而变为阻止进化的障碍，一旦向前推进的趋势已经开始，是不能停止的，即以内属问题为中心,契丹敢于同唐王朝平衡。从"对唐臣服者——大贺氏契丹(takigākita)转变为独立契丹——遥辇氏契丹,此种表面上的政治关系,也足可说明这个问题。超越半族对立而向部族统一体这一目标迈进的契丹内部的动向,就是这个社会发展的过程,也恰恰表明了这一阶段的真相。通过与唐王朝极为艰苦的斗争,契丹部族大大提高了他们的集结度。在部族英雄阻午可汗屈烈建立独立契丹的基础时,契丹族内早已出现了部族制国家的形式。此后大约一世纪建立契丹帝国,实际就是依赖这个基础而实现的,想到这一点,作为一个前奏曲,本书所探讨的问题的意义决不能说太小吧!

附录一

邢复礼先生参加研究契丹文字的著作及翻译目录

1 邢复礼先生与契丹文字研究小组著作目录

清格尔泰等五人组成的契丹文字研究小组:《契丹小字研究》,中国社会科学出版社 1985 年版。该著作获得 1995 年国家教育部高校人文科学优秀成果奖。

清格尔泰等五人组成的契丹文字研究小组:《契丹小字研究专号》,载《内蒙古大学学报》1977 年第 4 期。

清格尔泰等五人组成的契丹文字研究小组:《契丹小字解读新探》,《考古学报》1978 年第 3 期。

清格尔泰等五人组成的契丹文字研究小组:《契丹小字研究方法简论》1979 年内蒙古大学语文研究室内部印刷。

清格尔泰等五人组成的契丹文字研究小组:《契丹小字资料汇辑》1976 年中国社会科学院民族研究所内部印刷。

清格尔泰等五人组成的契丹文字研究小组:《契丹小字索引》1976 年中国社会科学院民族研究所内部印刷。

清格尔泰等五人组成的契丹文字研究小组:《契丹大字资料汇辑》1978 年中国社会科学院民族研究所内部印刷。

2 邢复礼先生为研究契丹文字翻译、校对的目录

〔日〕爱宕松男著,邢复礼译:《契丹古代史研究》,内蒙古人民出版社 1987 年版。

〔日〕青山定雄著,邢复礼译,张清沔校,《关于粟棘庵所藏舆地图》载《科学史论丛》1982 年第四辑.译自《东洋学报》第三十七卷第四号。

〔日〕清濑义三郎则府著,邢复礼、刘凤翥译:《女真音的构拟》,原载日本《言语研究》第 64 号,1973 年 11 月,12～43 页;汉译文载中国社会科学院民族研究所《民族史译文集》第 12 期,1984 年,93～113页。

〔日〕松井等著,刘凤翥译,邢复礼校:《关于靺鞨史研究的诸问题》,载中国社会科学院民族研究所历史研究室资料组编译:《民族史译文集》(2),译自《东洋史研究》第二卷第 5 号,1936－1937 年版。

〔日〕田村实造著,刘凤翥译,邢复礼校:《大金得胜陀颂碑之研究》,载中国社会科学院民族研究所历史研究室资料组编译:《民族史译文集》(8).译自《东洋史研究》第二卷第 5－6 号,1936－1937 年版。

〔日〕松井等著,刘凤翥译,邢复礼校:《契丹勃兴史》,载《历史研究》1964 年第 5－6 期;收入中国社会科学院民族研究所历史研究室资料组编译:《民族史译文集》(10)(1981 年),译自《巴托尔德文集》俄文版第二卷第一册,《七河流史纲》第五章。

〔日〕松浦茂著,刘凤翥译,邢复礼校:《关于女真社会史研究的若干问题》,载中国社会科学院民族研究所历史研究室资料组编译:《民族史译文集》第 10 集(1981 年),译自《东洋史研究》第三十

六卷第 4 号,1978 年版。

〔日〕田村实造著,《契丹文字的发现到解读》,邢复礼译。

〔日〕山路广明:《契丹墓志铭文字索引》,邢复礼译。

〔日〕白鸟库吉《东胡民族考》,邢复礼译。

〔日〕爱宕松男:《关于契丹文字的解读》原载《东北大学文学部研究学报》第七号,邢复礼译。

〔日〕山路广明:《契丹大字考》, 邢复礼译。

〔日〕山路广明:《契丹女真的语言与文字及其关系》,邢复礼译。

〔日〕白鸟库吉:《契丹女真西夏文字考》,邢复礼译。

〔日〕白鸟库吉:《契丹墓志铭文字索引》,邢复礼译。

〔日〕比野丈夫:《契丹诉情史》,邢复礼译。

〔日〕村山七郎:《契丹文从发现到解读》,邢复礼译。

〔日〕小平绥方:《辽金西夏元清五代造字》,邢复礼译。

〔日〕斋藤武一:《契丹文字与女真文字》,邢复礼译。

〔日〕鸟田正郎:《契丹字与契丹语》,邢复礼译。

〔日〕山路广明:《契丹造字研究》,邢复礼译。

〔日〕竹内几之助:《13 世纪至今的蒙古文字及其文献》,邢复礼译。

〔日〕丰田五郎:《契丹过渡文字研究》,邢复礼译。

〔日〕石田千之助:《大洋彼岸东方研究概况》,邢复礼译。

〔日〕竹内几之助:《各国蒙古语研究》,邢复礼译。

〔日〕清松源一:《蒙日辞典序》,邢复礼译,原载《欧美蒙语研究》友好联邦学会调查学报 47 期。

〔日〕滨田纯一:《蒙地扎记部分》邢复礼译,载《中俄材料交流汇编》。

〔日〕山路广明:《契丹语研究》,刘凤翥译,邢复礼校。

［日］山路广明：《契丹大字考》,刘凤翥译,邢复礼校。

［日］山路广明：《解读几个契丹字》,刘凤翥译,邢复礼校。

（目录来源:一部分为公开发表的杂志,另一部分为现存的手稿,邢莉整理,还有一部分源于《内蒙古大学学报》(蒙文版)1983年第3期,题目是《邢复礼同志遗著与遗著目录》,中央民族大学教授宝力柱翻译,在此致谢。）

附录二

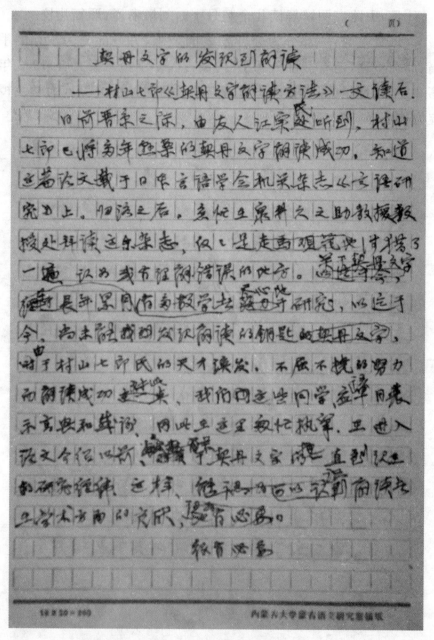

邢复礼先生在研究契丹文字过程中翻译的手稿

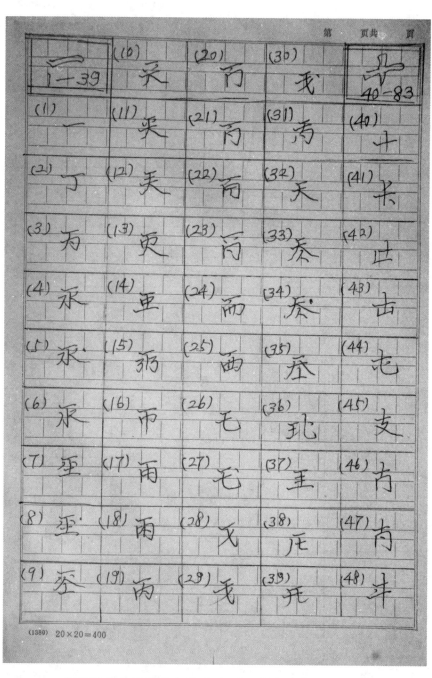

邢复礼先生在研究契丹文字过程中书写的契丹小字

邢复礼先生在研究契丹文字过程中书写的契丹小字

198

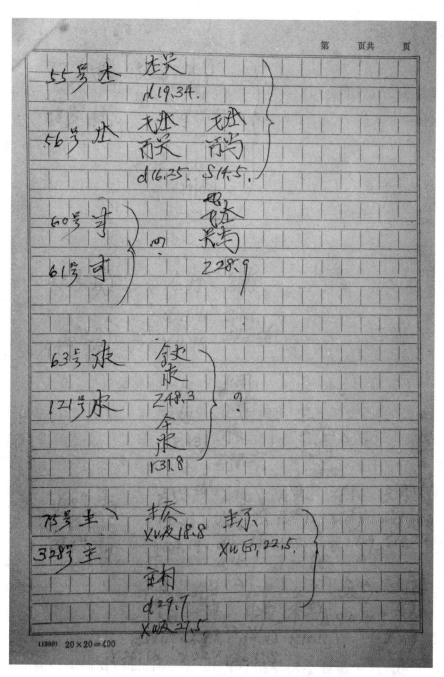

邢复礼先生在研究契丹文字过程中遗留的手稿

后　记

　　我们的父亲邢复礼系内蒙古赤峰市(原昭乌达盟)喀喇沁旗人,字尔仁,蒙名锡里居泰。幼年开始就接受了良好的文化教育,青年时期毕业于日本早稻田大学,蒙古语、汉语、日本语颇为精通。上个世纪七十年代末,受清格尔泰先生之托,父亲开始翻译日本学者爱宕松男先生的《契丹古代史研究》,其间兢兢业业,孜孜矻矻,倘遇疑问,必查明透彻,有时译完一段,还让我们念给他听,然后加以修改。经两易寒暑,终于完成。此时他已七十有二,其促进学术研究和学术交流之热诚,人所共鉴。父亲多才多艺,兴趣广泛,而写字作画又是他一生的嗜好。父亲的书法遒劲有力,潇洒飘逸,超凡脱俗,自成风骨。二十世纪六十年代他的书法曾见于北京的书画展会上,此书书名《契丹古代史研究》就是父亲的墨迹。

　　令人十分惋惜的是,正当父亲竭尽全力将契丹文字的研究向深层推进的时候,却因疾病过早的逝世。"遗憾的是,自 1985 年《契丹小字研究》出版后,五人小组虽然没有宣布解散,但像已过去的十年那样通力合作狠钻契丹文字研究的爆发力却渐渐淡去并消失。"(引自《中国社会科学报》第 139 期 2010.11)我们期盼着年轻的研究学者们能够充分利用不断丰富的有关契丹的资料,结合现代的科技手段,在契丹文字的研究上有新的突破。这肯定是我们的父亲非常希望的。

　　此书最初的翻译出版得到内蒙古党委原领导朝鲁巴根同志的关怀,得到当今元史专家尊敬的贾敬颜先生和尊敬的清格尔泰先生的关怀,在此致以衷心的谢意。此书的出版还得到内蒙古人民出版社的大力支持。此书再版又是内蒙古人民出版社的倡导,特别是主编乔吉先生及樊志强编辑付出了辛勤,诸位赞助学术之诚意亦足矜式。我们同时致以衷心的谢意。

　　此次再版之时,正值慈父逝世 30 周年之际,久久地注视父亲的文稿,一位慈祥可亲、宽厚大度、学识渊博、勤恳耕耘的形象永远伫立在我们面前。

邢莉　邢旗
邢珺　邢凯
2013 年 10 月